清华词条
TSINGHUA GLOSSARY

孙海涛 解 峰 凌 云 任怀艺 编著

清华大学出版社
北京

图书在版编目（CIP）数据

清华词条 / 孙海涛等编著. —北京：清华大学出版社，2023.9（2024.10重印）
ISBN 978-7-302-64064-6

Ⅰ.①清… Ⅱ.①孙… Ⅲ.①高等教育－教育理论 Ⅳ.①G640

中国国家版本馆CIP数据核字(2023)第133023号

责任编辑：王如月
装帧设计：王红卫　刘丹琪
责任校对：王凤芝
责任印制：丛怀宇

出版发行：清华大学出版社
　　　　网　　　址：https://www.tup.com.cn，https://www.wqxuetang.com
　　　　地　　　址：北京清华大学学研大厦A座　　　邮　　　编：100084
　　　　社 总 机：010-83470000　　　　　　　　邮　　　购：010-62786544
　　　　投稿与读者服务：010-62776969，c-service@tup.tsinghua.edu.cn
　　　　质 量 反 馈：010-62772015，zhiliang@tup.tsinghua.edu.cn
印 装 者：天津鑫丰华印务有限公司
经　　销：全国新华书店
开　　本：160mm×230mm　　印　　张：13　　字　　数：130 千字
版　　次：2023 年 9 月第 1 版　　印　　次：2024 年 10 月第 3 次印刷
定　　价：69.00元

产品编号：101559-01

序

  《清华词条》是清华大学政策研究室一群年轻人编的小册子，他们把清华历史上一些耳熟能详的短句汇集在一起，并花工夫进行追根溯源、解读阐释，这对于清华精神文化的挖掘整理和传承传播非常有意义。

  作为一个老清华人，我已在清华园学习、工作、生活了 70 多年，对这些短句总体上比较熟悉，短句背后的故事大多都了解，对于短句蕴含的精神层面的东西也是高度认同，读起来很亲切。比如书中提到的"双肩挑"政治辅导员制度，是 1953 年清华首先设立的，我就是第一批学生政治辅导员。所以，这些年轻人热情邀请我作序，我就答应了，并希望通过这些词条的整理能够教育影响更多的清华人。

  清华大学已经走过了 111 年的发展历程，百余年的积淀形成了优良文化传统和光荣革命传统，这是非常丰富的宝藏，也是所有清华人宝贵的精神财富。我希望，一代代清华人能够在传承弘扬优秀传统的基础上不断创新，在实践中为国家、为民族、为人类文明进步作出更大的贡献。

清华大学原党委书记

2022 年 11 月

目录

第二篇　新中国成立后至改革开放前

第三篇　改革开放后至建校百年

第四篇 新百年以来

第一篇
新中国成立前

　　建校伊始，清华秉持科学救国理想，倡导"中西融会、古今贯通、文理渗透"，一批学界泰斗在清华园里潜心治学、精育良才，形成了名师荟萃、鸿儒辉映的盛况，很快发展成为我国最好的大学之一，填补了我国现代科技的诸多空白。抗日战争期间，清华同北大、南开一道，在极其艰苦的条件下，共创了西南联大的办学成就。梁启超、冯友兰、陈岱孙、费孝通、钱钟书、吴晗、曹禺、季羡林等一大批我国人文社会科学学术大师，叶企孙、茅以升、竺可桢、华罗庚、钱三强、钱学森、邓稼先、钱伟长等一大批我国自然科学学科和工程技术领域奠基人和开拓者，还有获得诺贝尔物理学奖的杨振宁、李政道，都是清华人中的佼佼者。广大清华师生始终满怀强烈的爱国情怀，积极投身"五四"运动，坚定走在"一二九"运动等爱国民主运动前列，奋勇参加民族救亡和人民解放斗争，涌现出闻一多、朱自清等一大批革命先烈和民主志士，为新中国的诞生作出了重要贡献。

——胡锦涛在庆祝清华大学建校 100 周年大会上的讲话

（2011 年 4 月 24 日）

培植全才、增进国力

　　"培植全才、增进国力"是清华学堂、清华学校时期（1911-1927）学校确立的办学宗旨。1911年4月，清朝皇帝批准外务部会同学部奏请，将游美肄业馆改名为清华学堂并订立《清华学堂章程》。章程在总则中规定，学堂"以培植全材，增进国力为宗旨"。1911年9月6日，在《游美学务处改行清华学堂章程缘由致外务部申呈》中，章程总则中的表述为"以培植全才，增进国力为宗旨"。1912年10月，清华学堂更名为清华学校。1914年7月，《北京清华学校近章》总则中规定，"本校以培植全才，增进国力为宗旨"。

　　在游美学务处向外务部和学部申请改名为"清华学堂"时，提出的理由是"该馆学生不仅限于游美一途"，未留美的学生也要"在馆毕业，亦得各具专门之学，成材尤属较多"。

　　"培植全才、增进国力"的办学宗旨，将学校的人才培养内容和培养目标紧密结合在一起，反映出清华学人乃至当时中国进步知识分子"教育救国"的办学理念。清华"培植全才"的目标内涵也逐步由拓展知识体系到塑造"完全人格"，再到造就一国之"领袖人才"。

清华创立初期，学校的教育目标虽然仍是培养留美预备生，但其根本目的在于"求得知识技术，以裨益于国计民生"，因此十分注重学生培养中知识体系的全面性，不仅"注重科学及其应用"，还提倡"政治社会问题之研究"，更讲求"普通文化与专门学术""兼容并进"。同时，清华教育还强调学生素质的全面性。周诒春校长提出了"完全人格"及其所倡导的"德智体三育"方针，要求学生德智体三方面全面发展。注重体育成为清华独特的优良传统，同时清华也相当重视对学生的美育。

"培植全才、增进国力"还有更为深远的含义，就是学校要培养出使中国强大起来、自立于世界民族之林的民族栋梁。1916 年 7 月，周诒春上书外交部，提出逐渐扩充学程、预备设立大学的计划，并得到外交部批准。1923 年 2 月，时任校长曹云祥提出将清华逐步改办为大学的《十八年（1923-1940）计划》。1923 年 11 月，《清华大学总纲》中明确"清华希望成一造就中国领袖人才之试验学校"。时任学校教务长并参与起草《清华大学总纲》的张彭春提出："我们希望能够培养出积极的、有现代思想观念的，能够顺应在中国的现代化世界发展趋势的过程中创造新方法解决新问题的人才。"

1925 年 5 月，清华学校正式成立大学部，增设研究院国学门（通称国学研究院），清华自此包括留美预备部、大学部和国学研究院三部分，开始向完全的综合大学过渡。1927 年，时任学校教务长梅贻琦明确指出，大学部的开办将"尽全校之力以谋发展，则数年之后，或将有所贡献于社会"，清华的培养目标在于"造就专门人才，以供社会建设之用"。因此学校"定有十系之专修学程"，包括国文学系、西洋文学系、历史学系、政治学系、经济学系、物理学系、化学系、生物学系、教育心理学系、工程学系，使学生的培养"以应社会之需要"。到 1926 年，大学部设立 17 个学系，清华大学的基础初步形成。

可以说，"培植全才、增进国力"是早期清华办学理念的集中体现。自周诒春校长开始，清华经过曹云祥等历任校长不断的本土化改革，逐步由一所留美预备学校改变为独立的中国式大学。自 1911 年清华学堂成立到 1929 年留美预备部结束，学校先后培养和选送留美学生 1100 人，其中包括梅贻琦、张子高、赵元任、张彭春、钱崇澍、竺可桢、胡适、侯德榜、金岳霖、茅以升、吴宓、叶企孙、闻一多、潘光旦、顾毓琇、周培源、梁思成、贺麟等一大批日后成为各领域学术大师和领军人物的杰出人才，为我国科学、文化和教育事业的发展作出了重大贡献。

自强不息、厚德载物

　　"自强不息、厚德载物"是清华大学校训。1914 年 11 月 5 日，我国近代著名政治家、思想家梁启超应邀到清华作题为《君子》的演讲。在演讲中，他引用《周易》"天行健，君子以自强不息""地势坤，君子以厚德载物"来描述君子，说"君子之条件庶几近之矣"。这篇演说词后刊录在 1914 年 11 月 10 日《清华周刊》第 20 期第一版，对清华学风校风的形成产生了深远的影响，其中的"自强不息、厚德载物"后来被确立为清华校训。1926 年 11 月 25 日，学校评议会正式通过清华学校校徽格式，即为圆形、斜十字图案，上书"自强不息、厚德载物"。

　　《周易》乾卦的《象传》说"天行健，君子以自强不息"。"天行"指天的运行，或天运行之规律。"健"即刚健不屈。此句意为天体以劲健刚强的方式运行，君子也应当像天体的运行一样自强不息。《周易》的《文言传》说："大哉乾乎，刚健中正"。君子要效法上天刚健中正、纯粹精诚的美德，始终保持奋发图强的精神。解释坤卦的象辞为"地势坤，君子以厚德载物"，意为大地有辽阔深厚而无所不包、滋养万物而万物并蓄的美德，君子应以大地之德来修养自己的品德。《文言传》说"坤至柔而动也刚，至静而德方"。古人期望君子在具备"天"的刚健不息的精神后，还要养成"地"的宁静宽仁、厚实博大的心性和气量。清华大学思想文化研究所首任所长、著名哲学家张岱年先生曾将"自强不息、厚德载物"称为"中华精神"，认为"自强不息"就是永远努力向上、绝不停止，表现了中华民族奋斗拼搏的精神；"厚德载物"就是要有博大的胸襟，兼容并包，对不同意见持一种宽容的态度。习近平总书记指出："自强不息、厚德载物的思想，支撑着中华民族生生不息、薪火相传，今天依然是我们推进改革开放和社会主义现代化建设的强大精神力量。""自强不息、厚德载物"作为中华优秀传统文化被写入党的二十大报告。2022 年 6 月 26 日，校长王希勤在研究生毕业典礼讲话中谈道："清华人有自强不息的精神，与民族共命运，与时代同步伐。清华人有厚德载物的胸怀，责任面前上一步，利益面前退一步。"

"自强不息"之于清华的意义，还可前溯。学校 1911 年订立的《清华学堂章程》总则中规定："以进德修业，自强不息为教育之方针。"梁启超先生在《君子》演讲中说："清华学子，荟中西之鸿儒，集四方之俊秀，为师为友，相蹉相磨，他年遨游海外，吸收新文明，改良我社会，促进我政治，所谓君子人者，非清华学子，行将焉属？"他勉励清华学子"崇德修学，勉为真君子，异日出膺大任，足以挽既倒之狂澜，作中流之底柱"。梁启超对清华学子的期望，正与清华学堂"培植全才、增进国力"的办学宗旨以及"进德修业、自强不息"的教育方针相契合，也反映出国家和民族对清华的期望。1918年4月25日出版的《清华周刊》总138期封面上出现内含"自强不息 厚德载物"八个字的圆形图标。1923年学校公开征集校歌，最后选定的校歌歌词中也写道"自强，自强，行健不息须自强！"。1928年，清华学校正式更名为国立清华大学，校徽依然沿用以上八字校训。

新中国成立后，高校一度不提校训。20世纪90年代，清华部分老校友、老教师向学校领导提出，希望恢复"自强不息、厚德载物"的校训。1995年，在大礼堂修缮过程中，学校恢复了礼堂穹顶带有校训的校徽。1999年4月24日，在清华88周年校庆之际，1958届校友捐资建立了校训壁碑，镶嵌于图书馆老馆门厅正中。清华中央主楼大厅的面壁和

1918年4月25日，《清华周刊》总138期封面上出现的圆形图标

1928年，清华学校正式更名为国立清华大学，校徽依然沿用八字校训

1926年11月25日，由校评议会正式确定的清华学校校徽

清华大学校徽

东大门的校牌背面也镌刻了"自强不息、厚德载物"。清华校训的回归，是清华广大校友和师生员工的人心所向。

2001年4月29日，在清华大学庆祝建校90周年大会上，时任中共中央总书记、国家主席、中央军委主席江泽民在讲话中指出："清华大学建校九十年来，随着时代的步伐前进，发扬'自强不息、厚德载物'校训的精神，为祖国培养了一批又一批人才。清华的广大师生心系祖国和人民，为祖国科学教育事业的发展，为中华民族的解放和振兴作出了重要贡献。"

2014年颁布的《清华大学章程》在序言中明确提出"本校秉持'自强不息、厚德载物'校训"，第四十一条确定："学校校徽为三个同心圆构成的圆面，外环为中文校名（繁体）、英文校名（TSINGHUA UNIVERSITY）和建校时间，中环为校训字样，中心为五角星。"

行胜于言

　　"行胜于言"是清华校风。"行胜于言"最初是镌刻在学校大礼堂前草坪南端日晷上的铭言，该日晷是庚申级（1920届）毕业生献给母校的纪念物。"行胜于言"体现了清华"重视实干"的精神，也体现了中华传统文化对言行关系的认识。儒家思想提倡"君子欲讷于言而敏于行"，认为君子应当讲求"先行其言而后从之"。"行胜于言"，不是不言，而是言必求实，以行证言。时光荏苒，镌刻在日晷基座上的这一铭言逐渐成为清华的优良校风。

　　从1919届开始，清华毕业生向母校赠送纪念物成为一个不成文的传统。1920届学生陈岱孙、孔令烜、曾昭承、曾昭抡、李榦、洪绅、梅贻琳、华凤翔、邹宗彦、陈可忠、萨本铁、赵学海、张景钺、甘介侯、萧公权等人经过多次商量，最终确定在大礼堂前草坪的南端立一座日晷仪作为献礼，最后此事由华凤翔主持。日晷是我国古代利用太阳光投射在倾斜的指针上的阴影来测定时刻的一种计时器。日晷仪上部的日晷盘由清华数学教员、美国人海晏士（Albert A. Heinz）依照北京当地经纬度绘制，委托北京著名景泰蓝厂用银胎珐琅烧制而成，底座请工匠用汉白玉在校内现场雕刻，四面镌文。正面是中文"行胜于言"，背面是拉丁文"FACTA NON VERBA"，两个侧面分别为中文"庚申级立"和英文"CLASS 1920"。中文为本级同学邹宗彦之兄邹宗善书写，外文为华凤翔书写。1920 年暑期，日晷完工后，摆放在高等科教室（清华学堂）右侧草坪上。抗战中，清华大学校园被日寇盘踞，银胎珐琅的日晷盘散佚不见，只遗日晷仪底座。抗战胜利后，陈岱孙受命担任校舍保管委员会主席，从昆明先期返回北平接受校产，主持校舍修复，新制石刻日晷盘。"文革"期间，日晷仪被整体拆除。"文革"结束后，学校整理旧物找出日晷仪底座，而日晷盘再次丢失。现存的日晷盘为后来新制，清华 70 周年校庆时方才与校友见面。经历了时代的变迁，日晷已成为清华风雨历程的见证物。

　　"行胜于言"是清华人"务实"特点的真实写照。清华人与人相处时踏实诚恳，工作学习中务实进取，养成了理论联系实际、实事求是的做事风格。从周诒春校长提出的"养成实行之习惯"到朱自清先生提出的"清华的精神就是实干"，从蒋南翔校长坚持"一生唯实求是"到化 72 班提出的"从我做起，从现在做起"，清华"行胜于言"的精神不断得到传承与发扬。

立德立言、无问西东

"立德立言、无问西东"语出《清华大学校歌》第三段："器识为先，文艺其从，立德立言，无问西东。"其义为："地有东西之分，文有竖横之别，然而好美、恶丑、好善恶恶，人之心理，大略相同。由此可见众生之本性同一，所不同者，风俗习惯上之差别耳。本性既同一，则彼此之文化，皆易交换灌输。而况乎文与行交修，德与言并重，东圣西圣，固有若合符节者哉？"

"立德立言"引自《左传·襄公二十四年》。范宣子问叔孙豹"古人有言曰，'死而不朽'，何谓也？"，叔孙豹答曰："太上有立德，其次有立功，其次有立言，虽久不废，此之谓不朽。"唐代学者孔颖达解释说"立德谓创制垂法，博施济众""立功谓拯厄除难，功济于时""立言谓言得其要，理足可传"。"立德立言"抒发了清华学子要在各自领域作出不朽建树的豪情。"无问西东"体现了清华的"会通"精神，也指"立德立言"要超出传统的东西学之上，取得世界级的成果。

清华创建初期就制定了自己的校歌。第一首校歌词曲皆为外籍女教师 Kathoine E. Seelye 所作，词为英文，题为 *Tsinghua College Song*，曾刊载在 1916 年的《年报》上。同一时期还有一首《清华优胜歌》，虽受师生欢迎却词短意浅。在这以后，还出现过如《清华爱国歌》《清华进行曲》等歌唱学校的歌曲，均无法作为校歌。

1923 年前后，清华学校公开征集校歌。当时在清华教授国文与哲学课的汪鸾翔先生以"西山苍苍"词应征，此词又经张丽珍女士谱曲，立意高远、含义隽永、旋律优美，遂被确立为清华校歌。针对当时有些同学"歌焉而不审其义，唱焉而不究其旨"，汪鸾翔在 1925 年撰文特别对校歌进行说明："本校中文校歌选择于前两年征求校歌之时，在作者对于世界学术思想之变迁，以及我校教育方针之择定，颇费一番斟酌，而后敢于发言。即学校采用之时，亦几经请北京名人之审定，而后乃毅然采定。采定后，复请何林一夫人①精心制曲，始琅然可歌。以一歌之微，而所经之手续，已繁复如此，诚不得谓之'率尔操觚'也。"

同年，当时还是清华学校学生的贺麟先生亦在《清华周刊》发表《〈清华中文校歌之真义〉书后》，对汪鸾翔、张丽珍所作中文校歌进一步评论，以为"清华现在的中文校歌，实儒家学说之结晶，可以表示中国文化之精神。而同时又能符合校训，达出清华教育宗旨。且校歌措辞，亦颇得体"，而原来的英文校歌"与清华'自强不息、厚德

---

① 即张丽珍，何林一时任清华学校英文文案处主任。

载物'之校训，一点关系没有；于清华荟萃中西文化，造就领袖人才的宗旨，也风马牛不相及。歌中很多难听的句子，与中国的国民性，更是格格不入"。后英文校歌废止不用，这首隽永的中文校歌流传至今，并于 2014 年被写入《清华大学章程》。

清华大学校歌
（《清华学校校歌》）

汪鸾翔 词
张丽珍 曲

人文日新

在清华大礼堂南墙正上方，悬挂着丙寅级（1926届）毕业班赠送给母校的镌刻有"人文日新"的匾额。"人文"二字源自《易经》，"文明以止，人文也……观乎人文，以化成天下"，概指人类一切文化创造；"日新"一词典出《大学》，"汤之盘铭曰：'苟日新，日日新，又日新'"。朱子《四书集注》云："汤以人之洗濯其心以去恶，如沐浴其身以去垢。故铭其盘，言诚能一日有以涤其旧染之污而自新，则当因其已新者而日日新之，又日新之，不可略有间断也。""日新"一词勉励人克己修身，日日努力，不可一日中断。

人文是大学的灵魂，人文日新是大学发展的源头活水。人文日新强调人文、重在日新。诗云："周虽旧邦，其命维新。"《大学》中说，"日新"之目的"在新民，在止于至善"。止于至善是自强不息、追求卓越，也是人文日新。清华人在求实的基础上，形成了勇于求新、不断创新、革故鼎新、进行批判性建设的精神品质。优秀传统文化是人文日新的思想土壤，全人类优秀文明成果的交融交汇则不断丰富人文日新的内涵。

2011 年 4 月 24 日，时任校长顾秉林在庆祝清华大学建校 100 周年大会上的发言中强调"要大力倡导人文日新"，并提出"作为清华精神的一个有机组成部分，人文日新不仅是指人文精神的发扬和提升，更是指文明的传承与创造要日新月异、不断进步"。2021 年 4 月 25 日，时任校长邱勇在庆祝清华大学建校 110 周年大会上的致辞中指出："'致知穷理，学古探微'，不断创造新知是人文日新。中西融会、古今贯通、文理渗透，开一派学术新风是人文日新。推进使命驱动的综合改革，创建世界一流大学也是人文日新。"人文日新的气象是构建刚健笃实、敦睦合冶的大学文化的需要，人文日新的气象是养成青年学生旷达胸襟和风雅气度的需要。在新的历史时期，清华大学弘扬人文日新精神，倡导科学与人文的会通与统一，要成为培育新人、创新知识、创新思想、创新技术、树立新风、引领文化潮流的重要基地。

在清华园，还有一座镌刻着"人文日新"的石碑，矗立在西湖游泳池东北隅的护栏外，是 1934 届校友赠送给母校的礼物，于 1994 年 4 月 24 日落成。

独立之精神，自由之思想

　　"独立之精神，自由之思想"语出 1929 年陈寅恪先生在王国维先生去世两年后为"海宁王静安先生纪念碑"撰写的碑铭，"先生之著述，或有时而不章；先生之学说，或有时而可商；惟此独立之精神，自由之思想，历千万祀，与天壤而同久，共三光而永光"。

　　纪念碑坐落于清华大学第一教室楼西北端。碑体正面端书"海宁王静安先生纪念碑"，背面是陈寅恪先生撰写的碑铭。此碑于 1929 年 6 月 2 日王国维先生逝世两周年之际，由国学研究院师生募款而建，建筑学家梁思成设计碑式、林志钧书丹、马衡篆额、李桂藻刻石。

　　王国维（1877—1927）字静安，号观堂，浙江海宁人。1898 年到上海学习日、英等国文，先攻科学，后习哲学，兼学心理学、社会学，30 多岁研究文学，后治中国古代史，在甲骨、钟鼎方面成就尤优。1925 年清华国学研究院成立后来校任教，与梁启超、陈寅恪、赵元任并称清华国学研究院四大导师，1927 年同时任中国文学系教授。1927 年 6 月 2 日，王国维于颐和园鱼藻轩投昆明湖自尽。王国维的主要著作包括《宋元戏曲史》《人间词话》《观堂集林》《古史新证》《红楼梦评论》等 60 余种。梁启超称赞其学术"从弘大处立脚，而从精微处著力""每治一业，恒以极忠实极敬慎之态度行之""不独为中国所有而为全世界之所有之学人"，郭沫若评价他"留给我们的是他知识的产物，那好像一座崔嵬的楼阁，在几千年的旧学城垒上，灿然放出了一段异样的光辉"。

海宁王静安先生纪念碑

"独立之精神，自由之思想"不仅是王国维的学术坚守，是当时国学院四大导师的共识，也是清华自建校伊始就确立的学术追求。梁启超指出，"凡一独立国家，其学问皆有独立之可能与必要。……清华当然要负一部分重要的使命。一国之政治独立及社会生活独立，具以学问为基础。吾侪今努力从事于学问独立，即为他日一切独立之准备。"陈寅恪也强调，"吾国大学之职责，在求本国学术之独立。……而清华为全国所最属望，以谓大可有为之大学，故其职责尤独重，……实系吾民族精神上生死一大事者。"冯友兰先生高度肯定清华的这种独立精神，指出"清华校史不仅有一校的意义，而且反映中国近代学术逐渐走向独立的历史""清华大学之成立，是中国人要求学术独立的反映，……这就成了清华的学术传统"。1928 年，《国立清华大学条例》

规定，学校"以求中华民族在学术上之独立发展，而完成建设新中国之使命为宗旨"。国立清华大学第一任校长罗家伦在任职演讲中申明："国民革命的目的是要为中国在国际间追求独立自由平等。要国家在国际间有独立自由平等的地位，必须中国的学术在国际间也有独立自由平等的地位。把美国庚款兴办的清华学校正式更名为国立清华大学，正有这个深意。我今天在就职宣誓的誓词中，特别提出学术独立四个字，也正是认清这个深意。"

倡导学术"自由之思想"也是清华一直着力营建的学术文化。梅贻琦校长在日记中写到："对于校局，则以为应追随蔡孑民先生兼容并包之态度，以克尽学术自由之使命。昔日之所谓新旧，今之所谓左右，其在学校应均予以自由探讨之机会，情况正同。此昔日北大之所以为北大，而将来清华之为清华，正应于此注意也。"梅贻琦在《大学一解》中进一步阐述自己对于学术自由的理解，"若夫学者，则无所不思，无所不言，以其无责，可以行其志也"，并明确提出"所谓'无所不思，无所不言'，以今语释之，即学术自由（Academic Freedom）而已矣。""其'无所不思'之中，必有一部分不合时宜之思，其'无所不言'之中，亦必有一部分为不合时宜之言；亦正唯其所思所言，不尽合时宜，乃或不合于将来，而新文化之因素胥于是生，进步之机缘，胥于是启，而新民之大业，亦胥于是奠基矣。"同时，他也指出不应"假自由之名，而行放荡之实"。在他的倡导下，清华很快形成自由的学术氛围。朱自清先生曾说，"在清华服务的同仁，感觉着一种自由的氛围气"。清华比较快地汇聚起一批学有专长的教师，科学研究水平迅速提高，成为全国重要的研究中心。

　　一个多世纪以来，"独立之精神，自由之思想"已经成为清华学术文化的重要组成部分。2014年《清华大学章程》序言中明确"学术上倡导'独立之精神，自由之思想'"，并在第七条指出"尊重学术自由，保障教授治学"。

所谓大学者，非谓有大楼之谓也，有大师之谓也

高度重视师资队伍建设是清华 110 多年来始终坚持的办学治校传统。

1931 年，梅贻琦回国出任国立清华大学校长。他在就职演讲中提出，"一个大学之所以为大学，全在于有没有好教授。孟子说，'所谓故国者，非谓有乔木之谓也，有世臣之谓也'。我现在可以仿照说：'所谓大学者，非谓有大楼之谓也，有大师之谓也。'我们的智识，固有赖于教授的教导指点，就是我们的精神修养，亦全赖有教授的 inspiration。"这就是著名的"大师大楼说"，也是梅贻琦始终坚持的教育思想和办学方针之一。

梅贻琦上任后，多次强调教师在学校中的极端重要性，并把聘用知名教授和优秀师资作为清华发展亟待解决的问题。1932 年 9 月，在开学典礼上，梅贻琦进一步阐释了大师在培育学生中的重要作用。他说到，"从前我曾改易《四书》中两语：'所谓大学者，非谓有大楼之谓也，有大师之谓也。'现在吾还是这样想，因为吾认为教授责任不尽在指导学生如何读书，如何研究学问。凡能领导学生做学

问的教授，必能指导学生如何做人，因为求学与做人是两相关联的。凡能真诚努力做学问的，他们做人亦必不取巧、不偷懒、不作伪，故其学问事业，终有成就。"1936 年，梅贻琦在《致全体校友书》中又说，"师资为大学第一要素""吾人所努力奔赴之第一事，盖为师资之充实"，"之图提高本校之学术地位也，亦以充实师资为第一义"。抗战胜利后，清华大学复员北返，梅贻琦对清华校友说："则他日诸校友重返故园时，勿徒注视大树又高几许，大楼又添几座，应致其仰慕于吾校大师更多几人，此大学之所以为大学，而吾清华所最应致力者也。"

梅贻琦认为，"大楼"与"大师"两者相辅相成、缺一不可。他曾说，"师资与设备为大学之两大要素""大学之良窳，几乎全系于师资与设备之充实与否"，只是在实现难度上，"大楼"作为物质条件，有了经费就相对容易办到，而"大师"的延揽则并非易事。梅贻琦还特别指出，"大楼"并非仅指学校建筑，更包括各类办学空间的拓展和设备仪器的增加。设备的充实在于"第一，为校址之扩充。……第二，为建筑物之增加。……第三，为图书仪器之添置"。在梅贻琦担任校长期间，清华大学陆续修建了化学馆、机械工程馆、电机工程馆、水利实验室、气象台等，购置先进设备、扩充图书资料，极大改善了办学条件，为当时清华的迅速发展奠定了坚实的物质基础。以至于梅贻琦告诫学生要自觉培育吃苦耐劳的精神，"校中教室宿舍以及图书馆等等设备布置，力求实用完备，使大家可以安心的去工作，藉以增进各人求学的效率。但是吾们要记住，外面的环境像这里的很少。大家要准备着出去受劳苦。倘在校养成享受习惯，出外不耐劳作，则殊自误。"可见，"大师大楼说"并不是不重视"大楼"，它也强调优渥的办学条件对创办一所高水平大学有重要的基础性作用。

"大师大楼说"还突出了高层次学者和知识分子在高等教育中的特殊地位。梅贻琦在《大学一解》中对教师在人才培养中的主导作用做了充分透彻的阐释，从而使"大师大楼说"的教育思想更加深刻和完善。在文中他提出"下自基本学术之传授，上至专门科目之研究"以及"持身、治学、接物、待人之一切言行举措"教师都应成为学生的模范，这是"大学教育新民之效也"。其次，教师要注重"明明德"，注重教学方法、提高教学效率，循循善诱而使学生"为之启发，为之指引"，让学子获取"自为探索""欲其自得之也"。同时，教师要在"意志锻炼""情绪裁节"的品格教育方面为学生树立楷模，"在日常生活中与以自然之流露"，使学生能够在"无形中有所取法"。

梅贻琦在不同场合反复讲述"大楼大师说"，在师生员工中很快达成共识。同时，他也推动学校延聘了一大批学贯中西的国内外名家、学者来校执教，还聘请郎之万、狄拉克、冯·卡门、维纳、华敦德、哈达玛① 等国际一流的学者来校作长期或短期讲学。清华一时人才荟萃、名师云集，在短短几年里迅速成为全国一流的高等学府。

① 郎之万（Paul Langevin），法国物理学家和化学家；狄拉克（P.A.M.Dirac），英国物理学家；冯·卡门（Theodor Von Varman），美国物理学家、航空工程学家；维纳（Norbert Wiener），美国应用数学家，控制论创始人；华敦德（F.L.Watterendorf），美国航空工程学家；哈达玛（Tacques Hardamart），法国数学家。

中西融会、古今贯通、文理渗透

"中西融会、古今贯通、文理渗透"[①]是清华大学长期形成的文化传统，也是学校的办学风格。"中西融会""古今贯通""文理渗透"三者的要旨皆在于"通"，"中西融会"强调不同文化类型之间的通达，"古今贯通"强调不同历史阶段之间的通连，"文理渗透"强调不同学科之间的融通。这种"三通"的办学风格，不仅体现在清华的育人实践中，也同样体现在学术研究等各个方面。

早在 1914 年，梁启超在题为《君子》的讲演中希望清华"荟中西之鸿儒，集四方之俊秀"。1925 年，清华国学研究院成立。其后，吴宓撰写《研究院缘起》《清华开办研究院之旨趣及经过》，对清华国学院的宗旨作了明晰的说明。他提出，要转化西学，以为民族精神的养分，"值兹新旧递嬗之际，国人对于西方文化，宜有精深之研究，然后可以采择适当，融化无碍"，强调"研究之道，尤注

---

① "中西融会"亦作"中西融汇"，不同时期都有使用，"中西融会"用得更多。

重正确精密之方法（即时人所谓科学方法）并取材于欧美学者研究东方语言及中国文化之成绩，此又本校研究院之异于国内之研究国学者也"。他认为，对中国文化自身也应采取会通的态度，在培养目标上明确"乃为中国养成通才硕学"，要求教师"通知中国学术文化之全体"。

1935 年，校外学者率先提出了"清华学派"之说。何兆武在《也谈"清华学派"》中提到，"在共同的时代与文化的背景以及共同的生活与工作的条件之下，又自然不可避免地在他们中间会产生某些共同之处。这些共同之处在有意无意之中当然会浸润到几代清华学人们的倾向。这些广义的乃至泛义的共同之处，就自然而然地形成了一种共同的情趣和风貌。这或许理所当然地就被人们称之为'清华学派'"，这种"共同的情趣和风貌"可以大致归结为"他们都具有会通古今、会通中西和会通文理的倾向"。《清华大学文史哲谱系》一书提出，"此学派之有无，自是见仁见智，争议纷纭"，但清华学者"确有其鲜明的治学风格或祈向，即所谓'通'：中西融汇、古今贯通、文理兼修。作为人文学者的陈寅恪、赵元任、张荫麟、潘光旦、雷海宗、浦江清等，有非凡的科学修养；而作为理工科学人的顾毓琇、刘仙洲、叶企孙、张子高、梁思成、陈国符、王竹溪、杨振宁等，亦有出色的人文造诣。这在清华学人中，在在皆是"。

20 世纪 90 年代初，具体主持清华人文学科复建的时任校党委副书记胡显章教授在他兼任人文社会科学学院院长之初，依据清华文科的学术传统确立了"古今贯通、中西融会，文理渗透、综合创新"的办院宗旨。2003 年，著名哲学家张岱年为清华人文学院题词："融会中西、贯通古今、渗透文理、综合创新。"

2011 年，时任校长顾秉林在清华大学百年校庆大会上的发言中提到，清华"开创'中西融会、古今贯通、文理渗透'的学术风格"。时任中共中央总书记、国家主席、中央军委主席胡锦涛在庆祝清华大学建校 100 周年大会上的讲话中指出："建校伊始，清华秉持科学救国理想，倡导'中西融会、古今贯通、文理渗透'，一批学界泰斗在清华园里潜心治学、精育良才，形成了名师荟萃、鸿儒辉映的盛况"。

2016 年，习近平总书记在致清华大学建校 105 周年贺信中指出："清华大学是我国高等教育的一面旗帜。105 年来，清华大学秉承自强不息、厚德载物的校训，开创了中西融汇、古今贯通、文理渗透的办学风格，形成了爱国奉献、追求卓越的精神和又红又专、全面发展的培养特色，培养了大批学术大师、兴业英才、治国人才，为国家、为民族作出了重要贡献。"

2016 年，时任校长邱勇在研究生开学典礼上的讲话中对中西融汇、古今贯通、文理渗透的办学风格进行了解读，他认为中西融汇，就是要有海纳百川的胸怀，博采中西文化之精华，在比较中不断拓展视野，在借鉴中努力实现超越；古今贯通，就是要有跨越时空的气魄，主动探寻古今之联系，善于从历史中汲取智慧，在前人成果基础上寻求新的突破；文理渗透，就是要有打破人文与科学隔阂的勇气，在人文精神和科学精神的结合中培养健全人格，在交叉融合中启迪思想、拓展学术空间。

华北之大，已安放不得一张平静的书桌了

　　1935 年 12 月 9 日，北平发生了一二·九运动。这是在中国共产党的领导下，由北平学联组织发动的一次大规模的抗日爱国运动。它使中国人民被压抑的爱国情绪猛烈地爆发出来。清华大学学生救国会在当日游行时散发的《告全国民众书》中呼唤："华北之大，已安放不得一张平静的书桌了！""起来吧，亡国奴前夕的全国同胞！""自己起来保卫自己的民族"，"要以血肉头颅换取我们的自由"。

中国国家博物馆收藏的《告全国民众书》
（1935 年 12 月 9 日在游行队伍中散发）

在九一八事变后，日本侵略者按照"分离华北"的侵略政策，把魔爪伸向华北，大肆收买汉奸，鼓动"防共自治运动"，并于1935年制造了华北事变，妄图将华北五省二市（当时包括河北、山东、山西、察哈尔、绥远五省和北平、天津两市）从中国分离出去。对于日本帝国主义的侵略行为，国民党政府软弱退让，丧权辱国，中华民族陷入空前严重的民族危机。如何挽救民族危亡，如何联合尽可能多的力量进行抗日民族战争，成为摆在中国共产党和中国人民面前最紧迫的问题。

1935年8月1日，中共驻共产国际代表团草拟了《为抗日救国告全体同胞书》（即八一宣言），10月1日以中华苏维埃共和国中央政府和中国共产党中央委员会的名义在法国巴黎出版的《救国报》上发表。同年11月，刚刚结束长征到达陕北的中共中央以中华苏维埃共和国中央政府主席毛泽东、中国工农红军革命军事委员会主席朱德的名义，于13日、28日连续发表《抗日救国宣言》，揭露日本的侵略罪行，号召停止一切内战，共同对日抗战。

与此同时，北平党组织积极联合民众，大力在青年学生中发展进步力量。1935年秋，山东发生大水灾，北平党组织发起组织"黄河水灾赈济会"，领导学生开展救灾活动。清华大学学生姚依林以清华暑期同学会代表的名义参加了黄河水灾赈济会，并被选为秘书长。11月18日，在黄河水灾赈济会的基础上，成立了"北平市大中学校抗日救国学生联合会"（简称"北平学联"），北平女一中学生郭明秋任主席、姚依林任秘书长（党内职务为学联党团书记）。

在这期间，清华成立了抗日救国委员会，领导学生开展抗日救亡活动，黄诚担任主席。

1935 年 12 月 3 日，北平学联召开各校代表大会，通过了"发通电表示否认任何假借民意之自治运动"和"联络北平市各大中学发起大规模请愿"两议案。同日，清华全体学生大会通过了"通电全国反对一切伪组织、伪自治"的决议，并接受北平学联决议，参加全市统一的请愿行动。7 日，北平学联召开各校代表大会，决定 9 日举行请愿游行。当时清华党支部书记、中文系四年级学生蒋南翔获悉此消息后，躲进清华一院大楼即清华学堂地下室的印刷车间，怀着满腔悲愤，撰写《告全国民众书》，喊出"华北之大，已安放不得一张平静的书桌了"的强音，成为一二·九运动的战斗号角。

12 月 9 日，北平学生 6000 余人举行游行示威，沿途高呼"打倒日本帝国主义""打倒汉奸卖国贼""反对华北防共自治""停止内战，一致抗日"等为国民党当局所禁

清华大学档案馆收藏的《告全国民众书》
（1935 年 12 月 10 日出版的《怒吼吧》刊物上刊登）

止的口号，向何应钦提出6项要求：（1）反对华北成立防共自治委员会及其类似组织；（2）反对秘密外交，公布中日交涉经过；（3）保障人民言论、出版、集会、结社之绝对自由；（4）停止内战，一致对外；（5）不得任意逮捕人民；（6）释放被捕学生。游行队伍遭到国民党军警的残酷镇压，学生在大刀、水龙、皮鞭、木棍和枪刺的袭击下，有30多人被捕，数百人受伤。

12月10日起，北平各校学生宣布实行全市总罢课。12月14日，北平学联获悉国民政府决定在12月16日成立"冀察政务委员会"后，立即决定在16日举行抗议示威。16日，北平学生万余人汇集在天桥广场召开市民大会，北平各界群众和东北流亡同胞3万余人参加，通过了"不承认冀察政务委员会""反对华北任何傀儡组织""收复东北失地"等决议案。会后举行大规模的示威游行，再次遭到反动军警血腥镇压，学生被捕者数十人，受伤者300余人。国民党当局慑于人民爱国运动压力，被迫宣布冀察政务委员会延期成立。

在北平学生英勇斗争的影响下，从11日开始，天津、保定、太原、杭州、上海、武汉、成都、重庆、广州等大中城市先后爆发学生爱国运动。许多地方的工人也进行罢工。上海和其他地方的爱国人士和团体成立各界救国会，要求停止内战，出兵抗日。北平学生的抗日救亡运动很快发展成为全国规模的群众运动。

在党的领导下，北平学联12月下旬组织平津南下扩大宣传团，下分三个团，到河北农村进行抗日宣传。第三团以清华大学、燕京大学为主，团长为黄华、蒋南翔，清华学生 50 余人参加。1936 年 2 月 1 日，在宣传团基础上成立了中华民族解放先锋队，后来很快发展到两万余人，对团结广大青年、促进抗日救亡运动起了很大的作用。

一二·九运动公开揭露了日本吞并华北进而侵略全中国的阴谋，打击了国民党政府的妥协退让政策，极大地促进了中华民族的觉醒，标志着中国人民抗日救亡民主运动新高潮的到来。1939 年 12 月 9 日，毛泽东同志在延安发表演讲《一二九运动的伟大意义》。正如毛泽东同志在演讲中所言，"一二九运动是动员全民族抗战的运动，它准备了抗战的思想，准备了抗战的人心，准备了抗战的干部。"一二·九运动中的先进知识青年，走上与工农群众相结合的道路，成长为抗日战争和中国革命事业中的骨干力量。

附：

告全国民众书

亲爱的全国同胞：

华北自古是中原之地，现在，眼见华北的主权，也要继东三省热河之后而断送了！

这是明明白白的事实，目前我们友邦所要求于我们的，更要比二十一条厉害百倍，而举国上下，对此却不见动静。回看一下十六年前伟大的五四运动，我们真惭愧；在危机日见严重的关头，不能为时代负起应负的使命，轻信了领导着现社会的一些名流、学者、要人们的甜言蜜语，误认为学生的本份仅在死读书，迷信着当国者的"自由办法"。几年以来、只被安排在"读经""尊孔""礼义廉耻"的空气下摸索，痴待着"民族复兴"的"奇迹"！现在，一切幻想，都给铁的事实粉碎了！"安心读书"吗？华北之大，已安放不得一张平静的书桌了！

亲爱的全国同胞父老，急迫的华北丧钟声响，惊醒了若干名流学者的迷梦，也更坚决地使我们认清了我们唯一的出路。最近胡适之先生曾慨然说：他过去为九一八的不抵抗辩护，为一二八的上海协定辩护，为热河失陷后的塘沽协定辩护，现在却再不能为华北的自治政府辩护了。因为他已觉悟了过去主张"委曲求全"的完全错误，相信唯一的道路，只有抵抗。因此胡先生是希望负有守土之责的华北长官能尽力抵抗不要屈服妥洽。亲爱的同胞，我们却还要比胡先生更进一步说：武力抵抗，不但是依赖负有守土之责的长官，尤其希望全体民众，也都能一致奋起，统一步伐，组织起来，实行武装自卫。事实告诉我们：在目前反帝自卫的斗争中，民众的地位是更为重要，民众的力量是更为伟大，也只有民众自己，更为忠诚而可靠。看吧，曾煊赫一时的民族英雄、抗日将军，都已化为"神龙"了；唯有山海关外，英勇的民众自己组成的义勇军，始终不屈不挠，在用鲜血写著中国民族的光荣斗争史。

亲爱的全国同胞，中国民族的危机，已到最后五分钟，我们，窒息在古文化城里上着最后一课的青年，实已切身感受到难堪的亡国惨痛。疮痛的经验教训了我们；在目前，"安心读书"只是中国民族的一贴安眠药，我们决再不盲然地服下这剂毒药；为了民族，我们愿意暂时丢开书本，尽力之所及，为国家民族做一点较实际的工作。同时我们要高振血喉，向全国民众大声疾呼：中国是全国民众的中国，全国民众，人人都应负起保卫中国民族的责任！起来吧，水深火热中的关东同胞和登俎就割的华北大众，我们已是被遗弃了的无依靠的难民，只有抗争是我们死里逃生的唯一出路！我们的目标是同一的：自己起来保卫自己的民族。我们的胸怀是光明的：要以血肉头颅换取我们的自由。起来吧，亡国奴前夕的全国同胞！中国是没有几个华北和东北，经不起几回"退让"和"屈服"的！唇亡齿寒，亡国的惨痛，不久又要临头了，挣扎在死亡线上的全国大众，赶快大家联合起来！我们的目标是同一的：自己起来保卫自己的民族！我们的胸怀是光明的：要以血肉头颅换取我们的自由！

国立清华大学学生自治会救国委员会

廿四年十二月九日

刚毅坚卓

　　"刚毅坚卓"为西南联大的校训。1937 年全面抗战爆发后，清华大学、北京大学、南开大学三校南迁成立西南联合大学（简称"西南联大"）。1938 年 10 月 6 日，西南联大常委会成立了校歌校训编制委员会，聘请冯友兰、朱自清、罗常培、罗庸、闻一多为委员，冯友兰任主席。11 月 24 日，委员会提出"刚健笃实"为校训，并上报常委会。11 月 30 日，西南联大第 95 次常委会决议以"刚毅坚卓"为校训。"刚毅坚卓"与"刚健笃实"相比内涵更加丰富，

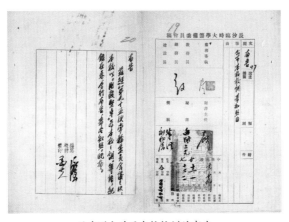

西南联大关于本校校训的布告

更加具有感召力和震撼力，更能体现一年多来西南联大师生刚强、果敢、坚忍不拔、卓然不群的精神。12月2日，"刚毅坚卓"的校训向全校公布，同时报呈国民政府教育部。

"刚"意刚健、刚强，"毅"指坚毅、果敢。《礼记·儒行》曰："儒有可亲而不可劫也，可近而不可迫也，可杀而不可辱也。其居处不淫，其饮食不溽，其过失可微辨而不可面数也。其刚毅有如此者。"《易经·乾卦》曰："大哉乾乎！刚健中正"。《论语·子路》中也说，"刚、毅、木、讷近仁"。《易传·杂卦》谓"乾刚坤柔"，《论语·泰伯》云"士不可以不弘毅，任重而道远"。"坚卓"则自成语"艰苦卓绝"。《吕氏春秋》云："石可破也，不可夺其坚"。唐朝诗人王勃在《滕王阁序》中说"穷且益坚，不坠青云之志"。《汉书·景十三王传第二十三》云，"夫唯大雅，卓尔不群。"晋代医家皇甫谧在《答辛旷书》中道："皆经圣明之论，所以邈世卓时者也。""刚毅坚卓"的校训是西南联大精神的概括，与清华"天行健，君子以自强不息"的精神源同而义近，体现了中华传统文化的核心要旨。刚毅坚卓的精神在八年办学历程中不断得到发扬光大，并铸就了联大人的风骨，"唯其贫乏，才养成一种刚毅自信的精神；正因为零乱，便产生自由独特的思想"。

西南联大是在中华民族面临存亡危机之时，为了把大学教育的灯火持续下来，保持我国学术文化不中断，在极度简陋和艰苦的环境中建立起来的。1937年7月7日，卢沟桥事变爆发。7月28日，北平沦陷。面对亡国灭种的威胁，

1937 年 8 月国民政府教育部命清华大学、北京大学、南开大学在湖南长沙组成临时大学，指定张伯苓、梅贻琦、蒋梦麟为临时大学筹备委员会常务委员，杨振声为筹备委员会秘书主任。9 月 10 日，长沙临时大学正式设立。后教师陆续到达长沙，10 月底全校共有教师 148 人，其中清华 73 人。三校旧生于 10 月 18 日开始报到，11 月 1 日开始上课。三校师生背井离乡，辗转千里，怀着对日本侵略者深刻的国仇家恨来到长沙，踊跃投入抗战工作。

1937 年 12 月 13 日，南京陷落后不久武汉告急。临时大学常委会反复讨论决定长沙临时大学再迁往云南昆明，得到国民政府批准，并于 1938 年 1 月 2 日向全校布告。2 月，师生分三路入滇。闻一多等教授与近 300 名学生组成"湘黔滇旅行团"，徒步行军，有的教授临行前在家书中写道："抗战连连失利，国家存亡未卜，倘若国破，则以身殉。"师生每人背油纸伞，挎干粮袋、水壶，沿湘江而至益阳，翻山越岭、栉风沐雨。一路上人民的困苦生活，文化教育落后的情景，让师生深受触动。他们沿途作抗日宣传，举行民族联欢，探访风土人情，采集标本民歌，历时近 70 天，行程 1600 多公里，横跨湘黔滇三省，于 4 月 28 日抵达昆明。

4 月 2 日，国立长沙临时大学改称国立西南联合大学。4 月 19 日，决定成立西南联大蒙自办事处，设昆明本校及蒙自分校。5 月 2 日本学年度第二学期开学，4 日在昆明的理工学院学生开始上课，5 日在蒙自的文法学院学生开始上课。西南联大设文、理、工、法商学院和师范学院，共 26

个系、2 个专修科，为抗战时期规模最为宏大的大学。西南联大生活条件非常艰苦。教室和办公室的建材基本采用的是泥、石和铁皮，屋子下半截基座部分为石头墙，上半截为土坯墙，屋顶用的是镀锌铁皮，外刷暗黄色。铁皮屋顶虽坚固但不隔热隔音，夏天在屋中犹如置身火炉，逢雨天则雨打屋顶之声往往压过老师授课的声音，雨大了只能暂时停课。宿舍则用黄泥坯筑成、屋顶覆以茅草，通常每间寝室住 40 人左右。教授多半在城郊租房，华罗庚、闻一多两家共 14 口人，曾挤在一间只有 16 平方米的阴湿偏厢房里。华罗庚回忆道，"晚上，一灯如豆；所谓灯，乃是一个破烟罐子，放上一个油盏，摘些破棉花做灯芯；为了节省点油，芯子捻得小小的。晚上牛擦头痒痒，擦得地动山摇，危楼欲倒，猪马同圈，马误踩猪身，发出尖叫，而我则与之同作息。"同时，师生为了解决生活问题都不得不利用课余时间进行兼职。如唐敖庆新婚燕尔就去当家庭教师，以应付生活困窘。部分教授也不得不卖文卖字，闻一多公开挂牌治印，挣些额外收入，以免除家庭的饥馁。学生也要去做中学教员、当家庭教师、任播音员、做编辑、当译员、搞抄录校对等。日军侵占越南后，1939 年起还不断派飞机轰炸昆明。师生一见市区高处悬起警报球，就得奔上山岗、钻进矮林躲避，有一次华罗庚拖着病腿跑警报，一颗炸弹在附近爆炸，泥土埋住他半个身子。梅贻琦也和师生们一起跑警报，他曾幽默地对学生们说："抗战当然是艰苦的，前方的将士还更苦，我们跑警报算什么？试想胜利之后过若干年，再回忆这段跑警报的生活，多有意思，假如没跑过，那时你会引以为憾的！"

西南联大的师生们在艰苦的环境中毫不放松学业和研究，产生了一大批高水平的科研成果和学术著作。闻一多完成了《神话与诗》《周易义证类纂》《楚辞校补》等，王力出版了"语法三书"，陈寅恪著有《唐代政治史论稿》《隋唐制度渊源略论稿》，冯友兰出版了"贞元六书"等一整套著作，金岳霖出版了《论道》，华罗庚写成了《堆垒素数论》，刘仙洲所著《机械原理》成为经典教材。

抗战形势的发展也充分暴露了国民党政府的腐败专制，引发知识分子的思考觉醒。这些先进知识分子积极担任进步社团导师，参加进步学生的集会、座谈，陈序经、刘仙洲等教授坚决拒绝加入国民党。闻一多、吴晗、曾昭抡、张奚若、朱自清、潘光旦等人站在民主运动的前列。西南联大成为昆明传播爱国民主思想的大本营，促进了国统区的民主运动，被称为"大后方的民主堡垒"。

更能充分抒发西南联大精神的是与校训同步确定的西南联大的校歌。校训校歌委员会成立后不久，委员、中文系教授罗庸即填一首《满江红》词作为校歌歌词并为委员会接受，后朱自清邀请清华研究院毕业生张清常谱曲，最终于1939年7月11日经西南联大第112次常委会决议通过。其词为："万里长征，辞却了五朝宫阙，暂驻足衡山湘水，又成离别。绝徼移栽桢干质，九州遍洒黎元血。尽笳吹，弦诵在山城，情弥切。千秋耻，终当雪。中兴业，须人杰。便一成三户，壮怀难折。多难殷忧新国运，动心忍性希前哲。待驱除仇寇，复神京，还燕碣。"

抗日战争胜利后，1946 年 4 月，三校准备北上复员，并决定在西南联大原址留碑纪念。5 月 4 日，在结业典礼后，师生到校园后山（今云南师范大学校园东北角）举行"国立西南联合大学纪念碑"揭幕仪式。这座碑由文学院院长冯友兰撰文、闻一多篆额、中文系主任罗庸书丹，被称之为"三绝碑"。

西南联大在 8 年多的时间里，培养学生 8000 多人，其中有最早获得诺贝尔奖的华人学者，有蜚声中外的学术大师和文学巨匠，有"两弹一星"元勋，有党和国家领导人，以及各行各业的专家骨干。西南联大培养的人才为我国的民族解放和社会主义建设作出了卓越贡献。广大师生在极其艰苦的条件下，共创了西南联大的办学成就，谱写了可歌可泣的爱国主义篇章。

附：

国立西南联合大学纪念碑碑文

（1946 年 5 月 4 日）

冯友兰

中华民国三十四年九月九日，我国家受日本之降于南京。上距二十六年七月七日卢沟桥之变，为时八年；再上距二十年九月十八日沈阳之变，为时十四年；再上距清甲午之役，为时五十一年。举凡五十年间，日本所鲸吞蚕食于我国家者，至是悉备图籍献还。全胜之局，秦汉以来所未有也。

国立北京大学、国立清华大学原设北平，私立南开大学原设天津。自沈阳之变，我国家之威权逐渐南移，惟以文化力量与日本争持于平津，此三校实为其中坚。二十六年平津失守，三校奉命迁于湖南，合组为国立长沙临时大学，以三校校长蒋梦麟、梅贻琦、张伯苓为常务委员主持校务。设法、理、工学院于长沙，文学院于南岳。于十一月一日开始上课。迨京沪失守，武汉震动，临时大学又奉命迁云南。师生徒步经贵州，于二十七年四月二十六日抵昆明。旋奉命改名为国立西南联合大学，设理、工学院于昆明，文、法学院于蒙自，于五月四日开始上课。一学期后，文、法学院亦迁昆明。二十七年增设师范学院。二十九年设分校于四川叙永，一学年后并于本校。昆明本为后方名城，自日军入安南，陷缅甸，乃成后方重镇。联合大学支持其间，先后毕业学生二千余人，从军旅者八百余人。

河山既复，日月重光，联合大学之战时使命既成，奉命于三十五年五月四日结束。原有三校即将返故居，复旧业。缅维八年支持之苦辛，与夫三校合作之协和，可纪念者盖有四焉。我国家以世界之古国，居东亚之天府，本应绍汉、唐之遗烈，作并世之先进。将来建国完成，必于世界历史居独特之地位。盖并世列强，虽新而不古；希腊罗马，有古而无今。惟我国家，亘古亘今，亦新亦旧，斯所谓"周虽旧邦，其命维新"者也。旷代之伟业，八年之抗战，已开其规模，立其基础。今日之胜利，于我国家有旋乾转坤之功，而联合大学之使命与抗战相终如，此其可纪念一也。文人相轻自古而然。昔人所言，今有同慨。三校有不同之历史，各异之学风，八年之久，合作无间。同无妨异，异不害同，五色交辉，相得益彰，八音合奏，终和且平，此其可纪念者二也。万物并育而不相害，天道并行而不相悖，小德川流，大德敦化，此天地之所以为大。斯虽先民之恒言，实为民主之真谛。联合大学以其兼容并包之精神，转移社会一时之风气，内树学术自由之规模，外来民主堡垒之称号，违千夫之诺诺，作一士之谔谔，此其可纪念者三也。稽之往史，我民族若不能立足于中原，偏安江表，称曰南渡。南渡之人，未有能北返者。晋人南渡其例一也，宋人南渡其例二也，明人南渡其例三也。风景不殊，晋人之深悲；还我河山，宋人之虚愿。吾人为第四次之南渡，乃能于不十年间收恢复之全功，庾信不哀江南，杜甫喜收蓟北，此其可纪念者四也。联合大学初定校歌，其辞始叹南迁流难之苦辛，中颂师生不屈之壮志，终寄最后胜利之期望。校以今日之成功，历历不爽，若合符契。联合大学之始终，岂非一代之盛事，旷百世而难遇者哉！爰就歌辞，勒为碑铭，铭曰：

痛南渡，辞官阙。驻衡湘，又离别。更长征，经峣嵲。望中原，遍洒血。抵绝徼，继讲说。诗书丧，犹有舌。尽笳吹，情弥切。千秋耻，终已雪。见仇寇，如烟灭。起朔北，迄南越。视金瓯，已无缺。大一统，无倾折。中兴业，继往烈。维三校，兄弟列。为一体，如胶结。同艰难，共欢悦。联合竟，使命彻。神京复，还燕碣。以此石，象坚节。纪嘉庆，告来哲。

通识为本、专识为末

　　梅贻琦在《大学一解》中指出，"通识，一般生活之准备也，专识，特种事业之准备也。通识之用，不止润身而已，亦所以自通于人也，信如此论，则通识为本，而专识为末，社会所需要者，通才为大，而专家次之"。重视通识教育也是梅贻琦一以贯之的教育思想。

　　梅贻琦在担任清华教务长时，就提出大学要造就通才的观点，他认为，"盖今日社会上所需要之工程人才，不贵乎有专技之长"，"在今日中国之工商界中，能邀致数专家以经业一事者甚少，大多数则只聘一工程师而望其无所不能。斯故本校之工程学中，认普通之基本训练较若干繁细之专门研究为重要也。"同时，他要求"学生对自然、社会与人文三方面都具有广泛的综合的知识"，即使学工程的，也要对"政治、经济、历史、地理、社会等都得知道一点"，否则他就只能做一个"高等匠人"，而不能做一个"完人"。

　　自1931年出任国立清华大学校长至1937年西南联大成立，梅贻琦大力推行"通识为本、专识为末"的培养理念，广延名师实施通才教育。1932年清华成立工学院，梅贻琦提出"工学院各系的政策，我们应当注重基本的知识。训练不可太狭太专，应使学生有基本技能……此类人才，亦就是最近我国工业界所需要的"。他认为，无论文科、理科、工科学生都应具备较为宽广的学问范围，应受到贯穿整个大学课程的普通教育，"这样才可以使吾们对于所谓人生观，得到一种平衡不偏的观念"，"如此不但使吾们的生活上增加意趣，就是在服务方面亦可以加增效率"。在梅贻琦"通识为本、专识为末"思想的指导下，从 1933 年度开始，清华规定大学一年级不分系，文、理、法、工学院学生在一年级均修习包括自然、社会与人文三方面的共同必修课。这一时期，文、法、理学院各系必修的本系课程一般只占总学分四分之一到五分之二左右，其余为外系课程。所有课程又多属普通的基础训练，专门课很少，其目的就在于培养本系的"通才"，企图使学生毕业后既可以朝科学家、理论家、文学家方向发展，又可以担任中学教师、行政人员等。

清华的通识教育在当时各个院系中也各有侧重。如文学院强调"知识广博""中西兼重"；中文系"注重新旧文学贯通与中国外文学的结合"；外语系提出培养"汇通东西之精神思想"的"博雅之士"；历史系要求"中外历史兼重"；社会系提出"基础知识越大，则成就越大"；物理系学生除本系必修课之外，还必须修习化学系的几种基本课程，系主任叶企孙甚至鼓励学生选修机械、电机和航空课程。

在《大学一解》中，梅贻琦比较全面地阐述了"通识为本、专识为末"的内涵。他指出，大学教育应具有儒家思想的"新民"使命，"今日大学之道"仍在"明明德、新民""二义之范围"，而大学生实负有"新民"的责任，由此"窃以为大学期内，通专虽应兼顾，而重心所寄，应在通而不在专"。他指出大学教育"在通而不在专"的理由有三：其一，"通识"是使学生具备较为全面的知识基础，即"一般生活之准备"，"专识"则指突出学生某一方面的专业知识技能，即"特种事业之准备"，而"通识之用，不止润身而已，亦所以自通于人也"。其二，"社会所需要者，通才为大，而专家次之"，否则"以无通才为基础之专家临民，其结果不为新民，而为扰民"。其三，他认为在大学的短短四年时间里，"而既须有通识之准备，又须有专识之准备"，这"即在上智，亦力有未逮，况中资以下乎？"所以培养通才"为大学应有之任务"，而培养专才应由"大学之研究院""高级之专门学校"以及社会事业本身来承担，否则普通大学教育造就的"不过一出身而已，一资格而已"。在实践上，梅贻琦更痛感大学教育"过于重视专科之弊""通识授受不足"的通病，提出两种解决方式，"一为展缓分院分系之年限，有自第三学年始分者；二为第一学年中增设'通论'之学程。"他进一步阐释道，"今日而言学问，不能出自然科学、社会科学与人文科学三大部门；曰通识者，亦曰学子对此三大部门，均有相当准备而已。分而言之，则对每门有充分之了解，合而言之，则于三者之间，能识其会通之所在，而恍然于宇宙之大，品类之多，历史之久，文教之繁，要必有其一以贯之之道，要必有其相为因缘与依倚之理，此则所谓通也。"

梅贻琦始终认为，大学教育的根本在于给学生打下通识的基础，使学生具有综合的基础知识。即使学有所专，也只应是对普通基础知识的基本训练。他不断强调，"大学教育毕竟与其他程度的学校教育不同，他的最大目的原在培植通才；文、理、法、工、农等学院所要培植的是这几个方面的通才，甚至于两个方面以上的综合的通才。他的最大的效用，确乎是不在养成一批一批限于一种专门学术的专家或高等匠人。"自此，清华大学一直实行通识教育，直到 1952 年院系调整。随着清华大学文、理、法、农、航空等学院或部分系、专业的调出、合并、裁撤，通识教育失去了基本的学科依托，没有继续实行。但清华始终注重为学生打下雄厚的科学与人文基础，逐步形成了"厚基础"的人才培养特色，为很多毕业生后来成长为学术大师提供了丰沃的滋养。

梅贻琦"通识为本、专识为末"的教育理念对我国大学当下的教育改革仍有借鉴价值。对于清华大学来说，自20 世纪 80 年代初开始探索素质教育，90 年代中期全面开展文化素质教育，2006 年开始大力建设文化素质教育课程体系，2014 年提出价值塑造、能力培养、知识传授"三位一体"人才培养模式后又上升为学校教育理念，2018 年设立"写作与沟通"必修课，这都是对这一教育传统的赓续传承。

从游论

　　梅贻琦在《大学一解》中指出，"古者学子从师受业，谓之从游。孟子曰，'游于圣人之门者难为言'，间尝思之，游之时义大矣哉。学校犹水也，师生犹鱼也，其行动犹游泳也，大鱼前导，小鱼尾随，是从游也，从游既久，其濡染观摩之效，自不求而至，不为而成。反观今日师生关系，直一奏技者与看客之关系耳，去从游之义不綦远哉！"他期望师生建立良好的互动关系，教师要发挥示范作用，"而于日常生活之中与以自然之流露，则从游之学子无形中有所取法"，"设学子所从游者率为此类之教师再假以时日，则濡染所及，观摩所得，亦正复有其不言而喻之功用"。这即是"从游论"之来源。

　　从游，是"从师受业"的中华传统教育形式。《论语·颜渊》曰："樊迟从游于舞雩之下，曰：'敢问崇德、修慝、辨惑。'子曰：'善哉问！先事后得，非崇德与？攻其恶，无攻人之恶，非修慝与？一朝之忿，忘其身，以及其亲，非惑与？'"教师在与学生朝夕相处、同行同坐的过程中发挥教育引导作用，从而做到"善歌者，使人继其声；善教者，使人继其志。"梅贻琦深受中华传统教育之影响，对教育的基本观点是"身教重于言教",教师要为学生的"自谋修养、意志锻炼和情绪裁节"树立榜样。

清华建校后也非常注重这种传统教育形式的继承和发扬。1926年,清华国学研究院发布的《教授及教学大纲》中规定:本院制度,略仿昔日书院及英国大学制,注重个人自修,教授专任指导。研究院开办期间,除了讲演、导师制、游学考察之外,也议定了每月一次的茶话会制度,师生畅所欲言、深研学术。著名学者姜亮夫曾撰长文《忆清华国学研究院》回顾他在清华从游时光,其中有很多细节如帮梁启超拉对子纸写对联、听陈寅恪讲笑话,都令他终生难忘。尤其令人感怀不已的一次,是王国维在晚上九点多送姜亮夫出门,"我告辞,先生要家人点灯笼,跟他一起送我到大礼堂后面的流水桥,等我过桥后他才回去,他说:'你的眼睛太坏,过了小桥,路便好走了。'"

随着现代大学制度在中国的发展,传统的师生关系也受到了一定的冲击。梅贻琦说,"今日学校环境之内,教师与学生大率自成部落,各有其生活之习惯和时尚,舍教室中讲授之时间而外,几于不相谋面,军兴以还,此风尤甚,即有少数教师,其持养操守足以学生表率而无愧者,亦犹之椟中之玉,斗底之灯,其光辉不达于外,而学子即有切心于观摩取益者,亦自无从问径。"

在梅贻琦看来,"教授责任不尽在指导学生如何读书,如何研究学问。凡能领学生做学问的教授,必能指导学生如何做人,因为求学与做人是两相关联的"。他在《大学一解》中进一步阐述教师职责道,"为教师者果能于一己所专长之特科知识，有充分之准备，为明晰之讲授，作尽心与负责之考课，即已为良善之教师，其于学子之意志与情绪生活与此种生活之见于操守者，殆有若秦人之视越人之肥瘠；历年既久，相习成风，即在有识之士，亦复视为固然，不思改作，浸假而以此种责任完全诿诸他人，曰'此乃训育之事，与教学根本无干'"，"为教师者，自身固未始不为此种学风之产物，其日以孜孜者，专科知识之累积而已，新学说与新实验之传习而已，其于持志养气之道，待人接物之方，固未尝一日讲求也；试问己所未能讲求或无暇讲求者，又何能执以责人？"

"从游"之说，与梅贻琦全人格教育、通才教育的培养理念形成了一个完整的体系，是方法路径与目标的关系，对清华的教育实践及校园文化的形成具有重要的意义。

第二篇

新中国成立后至改革开放前

　　新中国成立以后，广大清华师生满怀豪情投身祖国教育、科研、建设事业，全面贯彻党的教育方针，实行教学科研生产三结合，坚持又红又专、全面发展的育人理念，重视因材施教、实践锻炼、能力培养，努力建设高水平的社会主义大学。清华大学创办了原子能、无线电等一批国家急需的新技术专业，积极参与"两弹一星"等重大工程，完成国徽、人民英雄纪念碑、密云水库等重要设计，成为我国培养高层次人才和发展先进科学技术的重要基地。我和很多同龄人在这一时期进入清华大学学习，清华园里蓬勃昂扬的青春理想、严谨勤奋的治学氛围、艰苦朴素的优良作风、生动活泼的文化生活深深熏陶了我们。当时，蒋南翔校长富有创造性的教育思想，刘仙洲、梁思成、马约翰、张光斗等大家名师执教讲坛、垂范学子的风采，令我们受益匪浅、终生难忘。

——胡锦涛在庆祝清华大学建校 100 周年大会上的讲话

（2011 年 4 月 24 日）

又红又专、全面发展

"又红又专、全面发展"是清华的培养特色。"又红又专"是指学生要在政治和业务上都很过硬，"红"是指坚持正确的政治方向，拥护党的领导，拥护社会主义，"专"是指业务能力突出，专业技术精湛。"全面发展"是指要使学生在德智体美劳各方面都得到全面的培养锻炼。

"又红又专"是毛泽东同志首先提出的。1957 年 10 月 9 日，毛泽东同志在中共八届三中全会上第一次正式提出"又红又专"的要求，他指出："政治和业务是对立统一的，政治是主要的，是第一位的，一定要反对不问政治的倾向；但是，专搞政治，不懂技术，不懂业务，也不行。……我们各行各业的干部都要努力精通技术和业务，使自己成为内行，又红又专。"全面发展始终是我国教育方针的重要内容。1957 年 2 月 27 日，毛泽东同志在《关于正确处理人民内部矛盾的问题》中指出，"我们的教育方针，应该使受教育者在德育、智育、体育几方面都得到发展，成为有社会主义觉悟的有文化的劳动者。"

20 世纪五六十年代，清华在育人实践中积极贯彻"全面发展"和"又红又专"的教育理念，积累了大量实践经

蒋南翔校长和毕业生在一起

验。在此基础上，清华逐渐把具有相通表述的两个词语结合在一起，形成了"又红又专、全面发展"的表述。1963年12月25日，时任校长蒋南翔在对学业优秀生的讲话中说道："我们对同学们要求又红又专又健。列宁说要有知识，能劳动。（1）要又红又专。过去有个片面认识：多看书就是走白专道路。现在我们要有明确的政治方向，但要有更多的时间放在努力学习上，学习外文、基础理论课，解决实际问题。（2）要全面发展。没有健康即没有物质基础。业务上升，体质下降，毕业后当'院士'，非科学院科学家的'院士'，而是医院的'院士'，就不好了。"60年代初期，蒋南翔提出："培养学生要抓好三支代表队（政治，业务，文艺、体育），通过多种渠道殊途同归，向着又红又专、全面发展目标前进。"

1979年3月9日，蒋南翔在清华大学教育工作座谈会上总结十七年办社会主义大学的基本经验时讲道："十七年的实践证明，我们坚持社会主义办学方向，坚持又红又专、德智体全面发展，我们培养的学生质量，那个时期比旧中国是大有进步的。""清华政治辅导员、体育代表队、文艺社团所以在学校生活中起了良好的作用，最根本的一点，就在于始终坚持又红又专、全面发展的社会主义教育方向。"

党和国家领导人对清华大学"又红又专、全面发展"的教育理念给予了充分肯定。1980 年 3 月 12 日，邓小平同志在中共中央军委常委扩大会议上的讲话中谈道："今天上午我看了清华大学一个报告。清华大学提出一个很重要的问题，就是学生从到学校第一天起，就要对他们进行政治思想工作。学校的党团组织和所有的教员都要做学生的政治思想工作。他们这样做很见效，现在学校风气很好。清华大学的经验，应当引起全国注意。又红又专，那个红是绝对不能丢的。"2011 年 4 月 24 日，时任中共中央总书记、国家主席、中央军委主席胡锦涛同志在庆祝清华大学建校 100 周年大会上的讲话中指出："新中国成立以后，广大清华师生满怀豪情投身祖国教育、科研、建设事业，全面贯彻党的教育方针，实行教学科研生产三结合，坚持又红又专、全面发展的育人理念，重视因材施教、实践锻炼、能力培养，努力建设高水平的社会主义大学。"

2016 年 4 月 22 日，习近平总书记在致清华大学建校 105 周年贺信中指出："105 年来，清华大学秉承自强不息、厚德载物的校训，开创了中西融汇、古今贯通、文理渗透的办学风格，形成了爱国奉献、追求卓越的精神和又红又专、全面发展的培养特色，培养了大批学术大师、兴业英才、治国人才，为国家、为民族作出了重要贡献。"2021年4月19日，习近平总书记在考察清华大学时指出，110年来，清华大学深深扎根中国大地，培育了爱国奉献、追求卓越的光荣传统，形成了又红又专、全面发展的教书育人特色，为国家、为民族、为人民培养了大批可堪大任的杰出英才。

两种人会师

　　"两种人会师"是蒋南翔担任校长时提出的关于教师队伍建设的主张，即要求党员教师努力钻研业务，提高学术水平，争取成为教授、副教授；同时要帮助非党员的教授、副教授提高政治思想觉悟，吸收其中合乎条件的人入党，这样两种人就能在又红又专的方向上共同前进、实现会师。

　　1952 年院系调整后，一批教师调离清华，导致学校师资严重匮乏。1952 年底，清华校本部共有教师 479 人（另外还有尚未分出的钢铁学院、航空学院的教师 139 人），其中教授 61 人、副教授 50 人，讲师 90 人，教员、助教 276 人，其他 2 人。全校教授、副教授中只有 4 名党员，而党员教师大多数是助教，刚从大学毕业不久，缺乏教学实践经验，大家戏称"助教党"。蒋南翔针对新老教师的不同特点，提出要在教师中扩大马克思主义思想阵地和组织阵地，促使"两种人会师"。这成为清华大学教师队伍建设的重要指导思想，也是对学校长远发展有决定意义的战略部署。

　　学校积极采取措施，加强政治理论学习，开展思想工作，尽快提高具有较高学术专业职称的教师的思想政治水平。1955 年 11 月 7 日，教务处党支部在工字厅召开支部大会，蒋南翔亲自介绍清华第一副校长、著名机械工程学家刘仙洲教授入党。蒋南翔将他在支部会上的发言整理成为《共产党是先进科学家的光荣归宿》一文，在《北京日报》上发表，在知识界、教育界引起很大反响。刘仙洲也在《人民日报》发表《我为什么加入中国共产党》的文章，讲述了自己思想进步的过程。此后，梁思成、张子高、张维、张光斗等 30 多位知名老教授陆续入党，成为又红又专的典范，对于引导青年人的成长起到了很好的示范作用。同时，学校加强对年轻党员教师的培养，通过在职进修、出国进修等多种方式，尽快提高他们的业务水平，帮助他们也做到又红又专。学校安排一些青年教师到苏联学习原子能、自动控制等新专业，其中有曾担任过政治辅导员的青年教师，后来他们都成为学科带头人和学术领导骨干。占全校教师人数一半的年轻党团员教师，逐步成为建设清华的新生力量。到 1965 年底，清华教师中党员比例已达 50% 以上。至 80 年代，清华大学在职教师中的中国科学院学部委员（后称院士）80% 以上是中国共产党党员。新老教师在又红又专的方向上实现"两种人会师"，逐渐成为清华培养教师的重要模式和机制。

1955年12月6日，蒋南翔《共产党是先进科
学家的光荣归宿》在《北京日报》发表

1955年12月4日，刘仙洲《我为什么加入中国共产党》在《人民日报》发表

各按步伐、共同前进

　　"各按步伐、共同前进"是 20 世纪五六十年代清华大学对教师、学生进行思想政治工作时所遵循的基本原则，强调尊重思想发展规律，鼓励不同思想水平的师生依据自身实际情况，实事求是地按照可能达到的最高标准要求自己。

　　1953 年 8 月 31 日，时任校长蒋南翔在全校教学研究会上的报告中首次提出"各按步伐、共同前进"。当时，学校在学习苏联的过程中一度出现教师学生负担过重的问题。同时，由于教师思想改造工作中存在一些遗留问题，一部分老教师感到有些压力。蒋南翔认为对知识分子的思想改造不能要求太急，不能简单化，必须按照思想发展的规律办事，不能强迫；对不同专业不同思想基础的知识分子，不能要求一律。蒋南翔指出，"我们必须前进，前进就必然会遇到困难，不能惧怕困难而须克服困难。我们不能鲁莽地冒进，也不能停滞不进，而是要脚踏实地，各按步伐，稳步前进"，"各按步伐，就是要根据自己的实际情况出发，就是要放下架子，量力而行。在教学改革的问题上，我们还是在摸索前进，苏联的许多先进经验，对我们还很生疏的，开始时不能掌握得很好，这是当然的事，大家可以而且应该谅解"。

蒋南翔指出，"无论在身体健康方面、业务方面、政治方面，都有一个各按步伐的问题，有各按步伐，才有心情舒畅，才有团结。""我们在工作中要承认差异，在前进当中要注意各按步伐"。

"各按步伐、共同前进"的思想遵循了马克思主义辩证唯物论的基本原理，充分体现了个性与共性的统一。"前进"是学校对每个教师和学生提出的共同要求，"各按步伐"则是对个性的尊重。"前进"需要以"各按步伐"为基础，而"各按步伐"的目的是为了"前进"。"各按步伐，共同前进"也充分体现了一切从实际出发的思想路线和因材施教的育人理念。这一思想对清华健康、稳定的发展进步发挥了重要作用。

团结百分之百

　　"团结百分之百"提出于 20 世纪 50 年代，是清华大学执行党的知识分子政策、团结全体教职员工共同办好学校的重要做法，也是清华党组织密切联系群众、深入细致做好群众工作的一条重要经验。

　　1953 年 3 月，时任校长蒋南翔在向学校全体教师党员、团员的讲话中提出推动学校工作前进的三个基本问题：一是要依靠苏联专家的帮助；二是要团结全体教职员工，特别是教师；三是要更有计划地，发展新的力量——提高党、团员的业务水平与政治觉悟。

　　1954 年，蒋南翔在总结清华大学教学改革工作经验时指出，"对老教师要团结百分之一百（除反革命外），而不是团结多数或少数的问题。"他强调，团结百分之一百不是无原则的团结，是在马列主义基础上的团结，不要求老教师成为百分之一百的马克思主义者，但一定要向着马克思主义的方向前进，要坚持这个立场；要尊重老教师原来的工作岗位；要尊重学校原有的传统。在向高教部领导汇报工作时，蒋南翔提到清华在执行中央的知识分子政策方面，着重注意团结年资较老的教师及工作人员，对学校中原有的教师和工作人员，一概采取团结和尊重的态度。因为年资较老的教师及工作人员，一般具有较高的业务水平或较丰富的工作经验，是全校教学工作或行政工作的领导骨干，依靠和尊重他们，发挥他们在工作中的积极作用，是学校能够顺利完成教学工作及其他工作任务的重要关键之一。对全校教师和工作人员的团结，必须适当地建立在马列主义的思想基础上，并不是无原则的一团和气。学校特别重视和发挥工会的作用，通过工会的教育工作，提高了大家的政治觉悟和工作热情，增强了团结。

1956 年 2 月，蒋南翔在学校第十次教学研究会上作报告，把执行中央的知识分子政策、团结和尊重全体教师作为清华教学改革的一项基本经验进行了总结。蒋南翔指出，"我们学校中最宝贵的财富，是富有科学知识和教学经验的教师。"团结教师不仅是要团结"多数"，而且是要团结"全体"。重视教师的团结，决不是一种表面的客气或是虚伪的敷衍，而是出于对教师作用的正确估价和工作上的实际需要；决不是市侩式的拉拉扯扯，庸俗的一团和气，而是必须正确地建立在马克思列宁主义的思想基础上。新老合作、团结互助的原则，不仅适用于全校教师，同样也适用于全校职工。

1961 年 6 月，蒋南翔在全校教师大会上的讲话中再次强调争取团结百分之百。蒋南翔指出，我们国家要办好一个清华大学，要培养高质量的干部，原来留下的文化的底子不是太多，而是太少，一切有知识有业务的人我们都要团结，这对国家有利，对培养干部的事业有利，对社会主义建设有利。蒋南翔认为学校组织老教师进行政治学习的"神仙会"是个很好的经验，"不抓辫子，不扣帽子，不打棍子，自己提出问题，自己分析问题，自己解决问题"。他指出，不仅要团结百分之百，还要帮助教师创造一些条件，使他们不仅在政治上而且也在业务上成长得快一些。

1996年，时任校党委书记贺美英在庆祝中国共产党成立75周年暨清华大学党组织建立70周年大会的报告中指出，学校党组织在抗美援朝、社会主义改造和社会主义建设中都走在前面，以团结百分之百的精神，做深入细致的思想工作，无论在什么样的困难和挫折面前，清华党组织始终是团结师生员工的核心力量。

双肩挑

　　"双肩挑"，"两个肩膀挑担子"之意，一般指清华大学于1953年首创的"双肩挑"政治辅导员制度。这些辅导员都是政治素质过硬、学业优秀、综合能力突出的高年级本科生和研究生，他们一肩挑学生的思想政治工作，一肩挑自己的业务学习。"双肩挑"也泛指同时担任两个职务或承担两项任务，如"双肩挑"干部指的是学校里以教师身份承担管理工作的干部，他们既要做好教学、科研等工作，也要做好党政管理工作。

　　1953年4月3日，清华大学向高等教育部、人事部递交了设立政治辅导员的报告。其主要内容为："为了加强对学生的政治思想教育，保证学习任务的完成，并减少学生中党团员骨干的社会工作至政务院规定的每周六小时的限度，我们拟根据1952年政务院批准的全国工学院院长会议决议设立政治辅导员制度。办法是：拟选学习成绩优良、觉悟较高的党团员担任辅导员，其学习年限延长一年，学课则相应减少，每周进行二十四小时工作，这样，并可培养辅导员成为比一般学生具有更高政治质量及业务水平的干部。由于今后政治工作必须结合学习进行，辅导员由于具有一定业务水平，及其在学习上的模范作用，对展开工作会是有很大便利的。"这个制度既考虑到当时学生思想政治工作的现实需要，又考虑到为国家培养骨干人才的长远需要，而且可以起到"一举两得"的效果：一是这些辅导员本身也是学生，与同学们吃住在一起，很容易和大家打成一片，有利于深入了解学生的学习、生活、思想等状况，可以有针对性地、见缝插针地开展思想政治工作，提高工作成效；二是辅导员本身也成为因材施教的重要对象，可以通过这种制度加强对辅导员的锻炼和培养，增强其政治意识和业务能力，促进其成长为又红又专的栋梁之才。上级部门很快批准了这项报告，清华历史上的第一批"双肩挑"政治辅导员产生了。

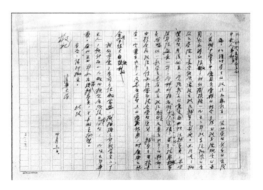

1953年4月，时任清华大学党委书记何东昌草拟的关于建立
政治辅导员制度给高教部、人事部的报告稿

蒋南翔曾在不同场合多次阐述设置"双肩挑"政治辅导员的考虑和重要意义。1978年5月30日，蒋南翔在上报

给邓小平同志的《对清华大学的调查报告》中指出："大家反映，清华在十七年间建立起来的政治工作制度还是行之有效的。那时派到清华工作的老干部屈指可数，主要依靠有计划地从高年级学生和教师中选调一些思想、学习、身体都较好的人，'半脱产'做思想政治工作，逐步培养起来一支又红又专、能够'两个肩膀挑担子'的政治工作队伍。这些同志来自基层，不脱离教学，既是干部又是教师（或学生），在政治上、业务上都能起骨干作用，因而便于深入实际，联系群众，把政治工作同教学、科研工作结合起来一道去做，较好地发挥政治工作的统帅作用和保证作用。"

1978年6月23日，邓小平同志在听取清华大学工作汇报时，对"双肩挑"政治辅导员制度给予了肯定。他说："在学校工作的干部，本身要懂行，最主要的经验是这个。清华过去从高年级学生和青年教师中选出人兼职做政治工作，经过若干年的培养形成了一支又红又专的政治工作队伍，这个经验好。"

1979年3月9日，蒋南翔在清华大学教育工作座谈会上总结十七年办社会主义大学的基本经验时讲道："当时挑选政治辅导员的标准，要求必须是思想好、功课好、身体好的'三好'学生，这样他们工作起来才能胜任、愉快，事半功倍。"

学校在实际工作中对"双肩挑"内涵进行了拓展，延伸到对教师、干部等的要求。1962年1月19日，蒋南翔在清华大学第八届工代会第四次会议上强调要"两个队伍，两个肩膀"，指出"无论教师或职工，都要有政治、业务两方面的要求，都要学会政治和业务两个肩膀挑担子。过去对党的干部和教师提了这种要求，今天对职工也这样要求。全校无论是行政人员、技术工人、教学辅助人员、生活服务人员等，都不仅要在业务上能够胜任工作，在政治上也要能够担当责任"。1979 年 3 月 9 日，蒋南翔在清华大学教育工作座谈会上讲道："清华过去的政治辅导员现在都是教师了，是不是也可以学习张光斗同志的榜样，都能主动做学生的思想教育工作。清华过去主要是年轻同志实行'双肩挑'，现在是老教师也开始实行'双肩挑'，这可说是一个发展，一个进步。"

1980 年 7 月 15 日，时任校党委书记林克在清华大学第五次党代会上作题为《同心同德　为把清华大学办成高水平的中国式的社会主义大学而奋斗》的报告，肯定了"建设一支又红又专的干部队伍和教师队伍"的重要性，"办法就是从高年级的学生中，从青年教师中，选拔少数又红又专、德智体全面发展的干部和积极分子，实行半脱产，一边做党政工作，一边搞业务工作。后来就叫作'双肩挑'。这样做，满足了工作的需要，也培养了干部。"

1991 年 9 月 13 日，时任校党委书记方惠坚在清华大学第九次党代会上作题为《发挥党组织政治核心作用　办好社会主义清华大学》的报告，提到："创建党政干部'双肩挑'制度；强调干部要又红又专，在战斗中成长"，"近四十年的实践表明，我校在学生中建立'双肩挑'的政治辅导员制度，对于加强学生思想政治工作，培养一批又红又专有较强组织能力的干部有积极的作用。在坚持'双肩挑'过程中，负担是比较重的，但这是一种大有出息的负担，二十岁左右的年轻人，经过一段群众工作的锻炼，在以后无论担负管理工作、学术工作都是有益的"。

两个车轮

　　"两个车轮"是指学校的教学工作和行政工作，也指学校的教师和职工，强调二者都缺一不可，要相互协同配合。

　　1954年9月4日，时任校长蒋南翔在清华大学第六届工代会上提出"教学工作和行政工作是推进学校工作的两个车轮，必须互相配合，协同工作"，同时指出"职工工作要明确为三个方面服务：一是为学校的教学工作服务；二是为学校的发展服务；三是为全校师生员工的生活需要服务"。

　　1956年5月19日，时任校党委书记袁永熙在中国共产党清华大学委员会向第一次党代表大会的工作报告中，总结学校党委开展知识分子工作的一个重要做法是加强全校师生员工的团结，其中一点就是加强教师与职工的团结，指出"随着学校教学与科学研究的发展，教学与行政工作的配合日益密切，过去我们注意提倡教师与职工团结工作，彼此互相尊重，并教育部分职工克服平均主义思想。有的系向职工介绍系内教学工作和科学研究工作，使职工明确他们在学校中所起的作用，启发了他们为教学服务的热情，这些都是加强教师与职工的团结合作的重要工作"。

　　在1962年召开的校工会第八届会员代表大会第四次

会议（第二次群英会）上，蒋南翔发表了题为《发愤图强 办好学校》的讲话，提出："我们要建立两支队伍。一支是又红又专的教师队伍，一支是又红又专的职工队伍"，"过去的旧大学，都是重教轻职。我们认为重教是应该的，但是不要轻职，职工的劳动虽然平凡，对办好学校却很重要。我们提倡重教重职，两个车轮相辅而行，缺一不可"。同时明确要求"无论教师或职工，都要有政治、业务两方面的要求"，"都不仅要在业务上能够胜任工作，在政治上也要能够担当责任"。

1979年3月9日，教育部部长蒋南翔来到清华，与学校干部座谈教育工作，再次提到了职工工作问题。他指出，"职工工作也要加强，这也是办好高等学校必不可少的重要环节"，"学校中的职工和教师，如同车之两轮，鸟之双翼，应当很好配合，协同作战，努力为培养社会主义祖国的建设人才而把工作做得更好一些"。

2021年6月28日，时任校党委书记陈旭在清华大学庆祝中国共产党成立100周年暨表彰先进大会上的讲话中强调："必须坚持全校团结一心，不断汇聚党员干部和师生员工共同奋斗的磅礴力量……强调'两个车轮'并重、主张'团结百分之百'，走好新时代党的群众路线，密切联系团结带领师生始终是清华党组织铸就的优良传统，这是我们战胜一切困难的力量源泉。"

"两个车轮"这一重教重职的理念成为学校发展的宝贵财富，一直鼓舞、激励着广大教职员工努力拼搏、团结奋斗。

红色工程师的摇篮

1952 年全国高校院系调整之后，清华大学成为一所多科性工业大学，担负起为国家培养工业建设人才的光荣任务。"红色工程师"是当时学校对人才培养目标的一种生动形象的表述，清华大学也因此被誉为"红色工程师的摇篮"。

从 1952 年到 1956 年，学校对人才培养目标的提法一贯是"新型工程师"。1953 年 3 月，时任校长蒋南翔在向习仲勋、杨秀峰、中宣部、北京市委并中央的报告中提到，"现在清华大学必须解决的一个最根本性的问题，我认为就是要在五年左右的时间内，取得大批地培养具有高度技术水平和政治质量的新工程师的实际经验"。在全面学习苏联的背景下，清华大学进行了三年多的教学改革，全校上下关于培养什么样的新型工程师、怎样培养新型工程师等问题进行了广泛讨论。比如，机械制造系教师讨论后认为"新型工程师，首先应该是有高度社会主义觉悟，忠于祖国，建立了辩证唯物主义世界观，能在工作中体会党和国家的政策，爱劳动、爱科学、联系群众、革新创造、不怕困难的新型知识分子"。

　　"红色工程师"的提法较为集中地出现在 1956 年。1956 年 2 月，蒋南翔在学校第十次教学研究会上的报告中说，"我们学校要为国家培养参加实际工业建设的红色工程师"。4 月，学校出版了招生宣传小册子《清华大学——给准备投考大学的同学》，其中的序言《清华大学——工程师的摇篮》这样写道："每一个专业培养着为工业建设某一部门服务的、掌握先进科学技术的工程师。……欢迎那些愿意把一生贡献给祖国社会主义建设的新伙伴加入这个友爱的大家庭，把自己培养成红色工程师，做一个祖国社会主义工业化的光荣战士。"8 月 30 日，学校工会第七届代表大会胜利闭幕，大会决议中写道："全体会员要在党的领导下，提高社会主义觉悟，紧密团结一致，积极工作，努力学习，克服一切困难，为完成学校各方面的工作任务，办好新型的社会主义工业大学，为祖国培养大量优秀的红色工程师而奋斗。"9 月 8 日，《新清华》（第 149 期）刊登了一张题名为"欢迎你们——未来的红色工程师"的照片，一群刚入学的新生从一幅写着"欢迎你们未来的红色工程师"的展板前走过。

1956 年 9 月 8 日，《新清华》（第 149 期）刊登的照片"欢迎你们——未来的红色工程师"

为祖国健康工作五十年

"为祖国健康工作五十年"是 1957 年由时任校长蒋南翔首次提出的，是所有清华人耳熟能详的一句响亮口号，鲜明地体现了清华大学重视体育、爱国奉献的优良传统。

1957 年 11 月 29 日，蒋南翔在全校体育工作干部会上的讲话中第一次公开提出"为祖国工作五十年"的口号。他说道："我们每个同学都要争取毕业后能为祖国工作五十年，要想老年丰收，就必须在青年时代播种，积极参加体育锻炼，把自己培养成体魄健全的社会主义劳动者。"蒋南翔以时任体育教研室主任马约翰教授为例，说道："你们看，马老今年已经七十六岁了，还是面红身健。我们每个同学都要争取毕业后工作五十年。"马约翰在讲话中说："体育锻炼也是我们青年人的重要任务之一。我们的身体不只是个人的，也是国家的宝贵财产。"

1961 年 3 月 9 日，蒋南翔在与团委书记关于健康问题和作风问题的谈话中指出："看学生的质量不仅要看现在，还要看三年、五年、十年、二十年。买一件商品，要用上半年才能证明它的质量好不好；学生毕业出去后也一样，'要至少为祖国健康地工作五十年'的提法还是合适的。"

1962年9月16日，蒋南翔在迎新大会上勉励同学们不仅要学习好、思想好，也要身体好，不要像旧中国的大学生一样"学习和身体是成反比例发展"，"第一年买眼镜；第二年得了肺病，又买痰盂；第三年就得熬药，买药罐；第四年买棺材"，号召"将来清华毕业的同学，不仅业务上、政治上都很好，身体也很棒，独立工作能力特别强，至少为祖国健康地工作五十年"。

1964年1月，在马约翰先生为清华工作五十年的庆祝会上，蒋南翔谈道："把身体锻炼好，以便向马约翰先生看齐，同马约翰先生竞赛，争取至少为祖国健康地工作五十年！"从此，"争取至少为祖国健康地工作五十年"作为一句完整的口号，成为清华人的奋斗目标。

曾任清华大学校长的张孝文同志回忆，"清华大学重视体育的传统在五六十年代有了新的发展，'至少为祖国健康工作50年'的口号就是那时由蒋南翔校长提出的。我进校时人瘦小、体质弱，开始3000米跑不下来，后来练到能经常从明斋前出发，出南门沿校园西小路到西门进来，再在西操场跑一圈返回明斋。我3000米成绩也从15分以上提高到11分30秒。学校的体育工作不仅重视学生们的健身，而同时重视通过运动培养坚韧不拔、吃苦耐劳的精神及灵活敏捷的作风。"

有校友回忆，蒋南翔在提出"为祖国健康工作五十年"口号之前曾和团委的干部一起酝酿讨论过，时任团委军体部部长的张益提出："有人会说我身体很好，可以工作五十年以上，也有人可能身体不好，五十年做不到怎么办？"蒋南翔风趣地说：那就加上两个前缀词，改为"争取至少为祖国健康地工作五十年"，身体好的应该"至少"，身体差的要"争取"。

真刀真枪做毕业设计

　　"真刀真枪做毕业设计"是指结合实际生产任务进行毕业设计，也就是以承担和完成某项实际生产或科学研究任务作为毕业设计的课题。1958 年，清华大学在贯彻"教育与生产劳动相结合"的教育方针过程中，时任校长蒋南翔总结水八等毕业班的经验，提出了要结合社会实际生产任务进行"真刀真枪"的毕业设计。

1958 年 8 月 27 日，《北京日报》报道《真刀真枪作毕业设计一箭五雕》

　　1958 年，为根治潮白河水患，解决北京市用水问题，党中央、国务院决定修建密云水库。周恩来总理将设计工作交给了清华大学水利系。学校组成了以张光斗为总设计负责人的设计代表组，165 位毕业班同学集体承担了密云水库潮河枢纽、白河枢纽及张坊等大型水库，三家店中型水库和昌平区六个小型水库的全部工程设计。这几项工程总共库容量达 50 亿立方米，为十三陵水库的 62 倍；土方为 4 千万立方米，相当于十三陵水库的 17 倍；发电量 15 万千瓦，灌溉面积 6 百万亩。经过集体努力和艰苦奋斗，水利系毕业班同学和教师们用 4 个月的时间，胜利完成了通常需要两三年时间才能完成的设计任务，设计质量得到了上级部门的一致认可。1958 年 7 月 28 日，密云水库按照同学们的设计图纸正式施工。

水利系学生真刀真枪做毕业设计

1958 年 8 月 8 日，蒋南翔在《红旗》杂志发表文章《党的教育方针促进了高等学校的革命》，总结道："今年水利系的毕业设计，不但真刀真枪地完成了生产任务，而且适应和满足了学校教学工作的要求，他们采取'轮换工作，互相校核，分工设计，集体讨论，全面掌握，重点深入'的方针，使每一学生都有机会参加整个水库的收集原始资料、规划、初步设计、技术设计、施工设计等各个主要部分的工作，又要深入地完成自己所分担的任务，因而使同学们在毕业设计的工作中受到了全面和踏实的业务训练。同学们对今年的毕业设计的体会是：'真刀真枪，上山下乡；集体协作，战果辉煌；解放思想，百花齐放。'"8月24日，周恩来总理来到清华大学参观学生毕业设计展，对"真刀真枪"进行毕业设计的做法给予了充分肯定。

1960年1月16日，校委会通过《1960年毕业设计工作要求》，指出毕业设计是教学、科学研究和生产工作的结合点，它不仅是培养学生基本具有工程师水平的最后一道"工序"，同时又是检验和总结学校各方面工作的重要环节。1959年的毕业设计工作，所取得的基本经验是：真刀真枪、结合生产、组织起来、集体作战，接力前进、年年提高，重点深入、全面培养。

1960年4月10日，蒋南翔在第二届全国人大第二次会议上的发言中指出"毕业设计是工科院校培养学生的最后一道'工序'，也是教学过程中最重要的一个环节"，"清华大学在一九五八年起就开始结合实际生产任务进行毕业设计，也就是以承担和完成某项实际生产或科学研究任务作为毕业设计的课题，把'假想的演习战'发展为'真刀真枪的实际作战'。这是一个重大措施。这个措施引起了教学工作的一系列革命性的变化，促进了学校中新的教育革命"，"这样进行毕业设计的过程，同时也是完成生产任务的过程，也是开展科学研究的过程，也是贯彻执行党的有关方针政策、提高教师学生政治思想水平的过程"。

1961年6月30日，蒋南翔在清华大学教师大会上的讲话《三年来的估计和问题》中强调："毕业设计真刀真枪是实行党的教育方针的结果，不仅使我们毕业生的质量提高，而且替国家完成了一定的生产任务，获得某些科学研究的成果，取得了新的经验。"

1965年8月30日，蒋南翔在清华大学新学年动员大会上作报告《在重要的一年打好重要的一仗》，指出"我校的毕业设计，从一九五八年设计密云水库开始，始终坚持了真刀真枪的方向，年年都有成果"，"通过毕业设计，不仅使同学得到了很好的锻炼，取得了新的科学技术成果，还为国家创造了物质财富"。

此后，清华大学在"真刀真枪"做毕业设计方面进行了大量有益的探索，这成为清华在教学中创造出的最有特色的宝贵经验之一。2006年6月30日，时任校党委书记陈希在清华大学庆祝中国共产党成立85周年大会上的讲话《继承光荣传统 推进先进性建设 为把我校建设成为世界一流大学而努力奋斗》中说道："为了提高教学质量，学校党委行政在借鉴苏联教育经验的同时，坚持从我国和学校实际出发，重视学生基础知识学习，坚持教育与生产劳动相结合，注重培养学生解决问题的实际能力，创造了'真刀真枪做毕业设计'的经验。"

教学、科研、生产三结合

"教学、科研、生产三结合"是 20 世纪五六十年代清华大学在贯彻"教育必须与生产劳动相结合"的方针、推进教学改革的过程中开创的一种教育理念与教育模式。

1958 年 8 月，时任校长蒋南翔在总结水利系学生"真刀真枪"做毕业设计的经验时指出，"生产劳动是教学工作、科学研究、思想教育的'结合点'，在教育事业中争取解决了结合生产劳动的问题，就能使我们获得生产、教学工作、科学研究、思想教育的大丰收"。这是"教学、科研、生产三结合"这一思想的最初表述。

1959 年 11 月，在向北京市委和中央文教小组的报告中，学校党委明确提出了"教学、科学研究和生产三结合"的教育理念。1960 年 4 月 10 日，在第二届全国人大第二次会议上的发言中，蒋南翔再次提出"把生产引进学校，实行教学、科学研究和生产三结合"，并向全国与会代表介绍了清华大学的这一改革举措。由此，"教学、科研、生产三结合"的教育理念开始广泛传播。

1982 年，时任校党委书记林克在中国共产党清华大学第六次代表大会上的工作报告中指出，"要坚持'一个根本、两个中心、三方面结合’的办学指导思想”，"近两年，我们在总结历史经验的基础上，逐步明确了要办好清华大学，必须把培养人作为根本任务，建设好教育、科研两个中心，实行教学、科研、生产三结合"，"对于教学、科研、生产三结合，应当更广义地理解，不仅是校内的三结合，而且要同社会建设密切地联系，更广泛更深入地实行教学、科研、生产三结合"。

1985 年，时任校党委书记李传信在中国共产党清华大学第七次代表大会上的工作报告中强调正确处理好"继承与创新的关系"，特别指出"实行教学、科研、生产三结合等成功经验，应当在改革中进一步丰富和发展"。

1988 年，学校第八次党代会报告将"教学、科研、生产三结合"调整为"教学、科研和社会主义建设实践相结合"，并和"一个根本（培养人）""两个中心（教育中心和科学研究中心）一起被明确为学校的办学指导思想。

基层出政策

　　"基层出政策"指的是基层单位创造的经验，经过总结提升，用政策的形式贯彻下去，真正解决实际问题，把工作推向前进。蒋南翔在担任校长期间经常讲"基层出政策"，他常常深入教研组和学生班级，了解情况，总结经验，指导工作，总是能够及时抓住群众创造的新鲜经验，用通俗易懂的语言加以概括。

　　1960 年，在蒋南翔校长的支持下，时任校党委第一副书记刘冰带领校团委的同志系统调研团支部和学生思想工作，经过多次座谈、反复讨论和认真分析，充分掌握了实际情况，并于 1961 年 3 月完成了《班级团支部工作任务要点》《班级团支部干部工作方法和工作作风要点》《班级团支部中一些问题的界限》（简称"50 条"）3 个文件的制定，解决了当时学生干部中容易出现的政策界限不清的问题，规范了基层团干部的任务、要求和工作作风，并对共青团中央 1962 年制定《共青团在学校中的思想政治工作纲要（试行草案）》起到了重要的参考作用。这是基层从实际出发提出问题、形成政策的一次成功实践。

　　1964 年 6 月 7 日，蒋南翔与团委干部座谈时说："对清华工作有两条要求：一、中央的方针、政策、指示应当坚决贯彻执行，这是我们的最低纲领；二、还要有更高的要求，要从基层单位的实际工作中出经验，通过实践工作的总结，上升到政策、理论，提供给领导，指导工作。"

"基层出政策"体现了实事求是、一切从实际出发的基本思想，鼓励各级干部面向基层、眼睛向下，向基层找经验、找办法，努力创造性地开展工作。坚持基层出政策、根据清华的实际情况决定具体工作方针，是清华党委一贯坚持的原则。

1998 年 3 月，时任校党委书记贺美英在全校党支部工作交流会和优秀党支部书记、系党委委员表彰会上的讲话中提到"基层出经验，基层出政策"，希望基层党支部书记和党务干部注意了解新情况，研究新问题，总结新经验，努力把党的建设工作提高到新的水平。

2012 年 4 月，时任校党委书记胡和平在清华大学第十三次党代会报告中指出："坚持基层出经验、基层出政策，发挥师生的首创精神，注意总结推广基层的新鲜经验。"

不要推销"清华香肠"

　　"不要推销'清华香肠'"是流行于清华园的一句俗语，主要意指要谦虚谨慎。1961年5月4日，时任校长蒋南翔在"五四"纪念晚会上的讲话中谈到，"不要有推广'清华香肠'的想法。清华的'香肠'是不是好？不一定。什么意思呢？过去有些来参观的外宾老说中国革命的经验好啊，等等，党中央就提醒大家：要谦虚一点，不要夸耀我们的经验样样都好，让外国来学习，向外国推销'中国香肠'"，"我们在某种意义上借重这个比方。我们学校里工作中有些缺点，正在克服，注意思想工作，我们在努力，寻找道路，设法使工作改进一步，这是对的。但是不是我们的改进办法完全对了呢？那还不一定"。

　　1961年7月23日，校长蒋南翔在对团委各书记谈团的工作要贯彻"身体好，学习好，工作好"的谈话中指出，"过去有些'清华香肠'是半成品，没经总结就推广出去了。如先进集体等，有经验但不成熟，别人照作走点样时就出问题了，所以要成熟了再推广。"

　　很多人对蒋南翔"清华香肠"之说都记忆深刻。曾任清华大学党委书记、教育部部长的何东昌回忆蒋南翔校长时说，"对清华的成绩，他十分谨慎，总是嘱咐，在宣传介绍中要留余地，不要推销'清华香肠'，他对总结经验和起草文件非常严谨，认为'要经得起历史的检验'"。曾任清华大学党委副书记、副校长的李寿慈在纪念蒋南翔的文章中写道：1959年4月底，校党委派我带清华学生文工团和男女篮球队到上海访问。行前，南翔同志特别嘱咐我们注意谦虚谨慎："各个学校都各有自己的长处和特色，一切都要因地制宜、因人制宜，你们不要任意地推销'清华香肠'"。

但"清华香肠"含义不仅局限于此。蒋南翔还经常以此教育师生要谦虚谨慎、尊重他人。曾任司法部部长的校友张福森在访谈时说，"清华是全国最高学府，在这样的学校里出来的学生或者在这样的学校里工作的人，容易形成一种傲气，或者叫莫名其妙的优越感，所以清华比较注重这个问题，讲求谦虚谨慎"。当时，每年毕业典礼后还有毕业生会餐，张福森回忆说，在1963年的会餐上，蒋南翔讲到"清华的同学毕业以后，要注意谦虚谨慎；不要到处贩卖'清华香肠'——一个比喻，不要到处说清华这个好那个好，还是要讲求谦虚谨慎"，并且在之后的毕业会餐时蒋南翔会反复强调这一点。曾任新华社副社长的校友徐锡安在纪念蒋南翔诞辰100周年校友座谈会上发言说，"他教育清华学生要戒骄戒躁，不要卖'清华香肠'，要'使自己的票面价值低于实际价值'"。清华大学党委原书记方惠坚也谈到，蒋南翔在多次讲话中勉励大家要养成谦虚朴素、实事求是的道德作风，防止骄傲自大。蒋南翔说："同学们毕业以后切记不要骄傲自大，对自己要求高一些是应该的，但是不能凭着自己是大学生高居人上，更不要以清华学生居于人上。'自己夸自己，有嘴也无功'，自己的成绩要让组织和群众去鉴定。"他还说："有些同学出去以后有一种'优越感'。他们说什么总是清华的好，表现得自高自大。谚云：'自矜无功'，'自伐无能'。是好是坏，不能靠自己褒奖，而是要在实践中让群众来做鉴定。"

"清华香肠"之说还可以向前追溯到梅贻琦校长时期。曾任清华大学副校长的张维说，1947年他一进入清华工作就听说了这个典故，觉得妙不可言。他回忆梅贻琦曾说过，清华香肠好吃，清华人都知道，我们不必到处去宣传，外人在尝过清华香肠后便知清华真正的味道。这是因为清华改办大学后，经费充裕、广揽名师，地位不断上升，校内便有人开始表现出对他人的不屑，而梅贻琦做人素来低调，见此情形，便以"清华香肠"之说告诫同仁要谦虚谨慎。

"清华香肠"之源起，尚无确切的考证。据说20世纪20年代清华国学院成立后，四大国学导师之一的赵元任携夫人杨步伟入住清华园。杨步伟联合几位教授夫人合资在清华园开了一家"小桥食社"饭店，由于饭菜可口得到众人称赞，尤其是其自制的香肠脍炙人口，吃过的人无不流连忘返。但没过几个月，小桥食社因经营亏损停业，但真材实料、风味独特的香肠却传了下来，成为清华园美食的代名词，从此流传。

由此可见，也许因为梅贻琦对"清华香肠"的反复言说，深深地影响了蒋南翔。蒋南翔来到清华之后，也时常告诫同学特别是毕业生:"到了新单位,不要急着亮清华牌子,要放下身段,虚心向老同志、工人师傅学习。真要是有本事,在工作中做出了成绩,得到了大家的认可,那时知道了你是清华毕业生,你就给母校争了光,那时候清华因你而骄傲。你就是'清华香肠'!"

一百单八将

  20世纪60年代,时任校长蒋南翔借用《水浒传》的说法,把新中国成立初期清华大学在校的108位教授、副教授,称作"一百单八将"。

  1961年,蒋南翔校长总结1958年以来学校工作的经验教训时着重指出"一百单八将是学校的稳定因素",对学有专长的老教师"要团结百分之百"。他常引用梅贻琦校长的名言"所谓大学者,非谓有大楼之谓也,有大师之谓也"来强调教师的主导地位。他多次谈道,高等学校最宝贵的财富,不是巍峨的高楼大厦和贵重的仪器设备,而是富有科学知识和教学经验的老师——教授和副教授。曾任校党委副书记的胡健也曾回忆道:"清华当时的教授副教授共有108人,借《水浒》的说法,称为一百单八将。他们是清华的稳定因素,是教学科研的骨干力量。"

  "一百单八将"体现了清华对教师队伍建设的高度重视,尤其是对教师在学校工作中的地位和作用的重视。进入新百年后,清华大学在2011年召开第一次全校人才工作会议,确定"人才强校"战略为学校新百年发展的核心战略。

时任校长顾秉林在会上强调，"我们必须始终坚持'人才资源是第一资源'的战略思想，深入推进'人才强校'战略，以改革创新精神大力推动人才工作，大力提升我校人才队伍水平"。"坚持人才强校战略"也被写入 2014 年制定的《清华大学章程》。

干粮与猎枪

　　"干粮与猎枪"（又称"面包与猎枪"）强调知识、能力、素质培养的统一。"干粮"比喻单纯教给学生知识，"猎枪"比喻教会学生自己寻找和解决问题的方法、能力和素质。"干粮与猎枪"的比喻与"授人以鱼，不如授人以渔"异曲同工，形象地说明学校应当教给学生最基本的、具有普遍意义的、能够长远起作用的东西，即培养学生具备解决实际问题的能力，使学生在毕业后能够独立学习、独立工作、创造性地解决问题。

　　1962 年，在一次研究生座谈会上，时任校长蒋南翔在谈到学生在学校要扎扎实实打好基础时，打比喻说，"你们进入大学要学知识，要提高能力。就像一个人要穿过原始森林，重要的不仅是给他一袋干粮，更应给他一杆猎枪。因为干粮吃光了不会再有，而用猎枪，可以不断地获得新食物。"如果学校给予学生的只是一些"干粮"，那么干粮总是要吃光的；如果给学生的是"猎枪"，学生就可以自食其力，将来就不会发生饥荒了。

　　"干粮与猎枪"充分体现了学校既重视学生对基础理论和知识的学习，又重视学生基本技能的训练、解决实际问题能力的培养。

20世纪80年代，清华大学在进行教学内容、体系和方法改革的过程中，进一步明确了"传授知识"与"培养和发展能力"之间的辩证关系，持续转变思想，从偏重书本知识的传授转变到重视素质和能力的培养上。2013年10月24日，清华大学纪念蒋南翔诞辰100周年教育思想系列座谈会之七暨第24次教育工作讨论会人才培养系列之专题"干粮与猎枪"座谈会在清华学堂举行。时任校党委书记胡和平在讲话中指出，蒋南翔校长将先进教育理念与中国国情紧密结合，提倡要给学生"干粮与猎枪"，既重视对学生的知识传授，更重视学生对学习方法的真正掌握，为国家现代化建设培养了大批优秀人才，做出了突出贡献。我们要深入学习、继承发扬蒋南翔教育思想和教育哲学，结合现阶段中国教育和清华教育的实际情况，不断深化教育教学改革，努力做到"不教之教胜于教"，全面提高学生的综合素质和能力，将蒋南翔教育思想更好落实在学校育人工作中。

三阶段、两点论

　　"三阶段、两点论"提出于 20 世纪 60 年代，指的是要一分为二地认识分析清华历史上不同发展阶段的优点和缺点、经验和教训。

　　1962 年，时任校长蒋南翔在与何东昌等的一次交谈中，提出了"三阶段、两点论"的观点，认为清华在 1952 年以前为一个阶段，1952 年至 1957 年学习苏联经验为一个阶段，1958 年以后又是一个阶段，对每个阶段都要一分为二地看待。

　　同年 8 月下旬，学校党委在昌平三堡清华造林基地举行党委工作会议，这次会议的一个重要内容是为即将召开的学校第四次党代会准备工作报告。8 月 26 日，蒋南翔在学校党委工作会议上发表以《三阶段　两点论》为题的讲话，明确指出："第一阶段是老清华，第二阶段是一九五二年学苏，第三阶段是一九五八年以后。每个阶段好的都应保留，有缺点都应想办法克服，肯定成绩，克服缺点，推陈出新，加以分析，再加以综合，在这个意义上可以说是新阶段。"蒋南翔说，"第一阶段：以学习美国为主；第二阶段：以学习苏联为主，苏联是社会主义国家，因此我们的方向对了，提高了一步；第三阶段：一九五八年中央提出要创造我们自己的教育方针，教育为无产阶级政治服务，教育与生产劳动相结合。"蒋南翔以真刀真枪搞毕业设计、工程物理系的反应堆、无线电系的成立等实例，肯定了清华贯彻党的教育方针取得的成就。同时，也指出了这一阶段发展中存在的问题，如"劳动过多，考试关不严，招生有问题，以学术批判为中心的教育革命，破体系，斗争批判过宽"。因此，他指出："比较彻底地总结工作，应该是三阶段，两点论。"

1962 年 10 月，清华大学第四次党代会召开，学校党委第一副书记刘冰代表上届党委作工作报告，以"三阶段、两点论"总结了办学经验，对以后的学校工作任务和党的工作提出了建议。报告着重讲了"三年半来学校工作的基本总结"，认为这个时期，学校工作的成绩是巨大的。几年来的实践证明，党的教育方针是完全正确的，是符合我国社会主义建设需要的、马克思列宁主义的方针。报告同时指出，这几年工作中还有不少缺点和错误，如物质建设中的浪费问题、教育工作生产劳动和社会活动多了一些、对知识分子的改造工作存在要求过急和简单化的缺点等。

1980 年 7 月 15 日，在清华大学第五次党代会上，蒋南翔发表讲话《办好中国式的社会主义大学》时再次强调："记得过去在清华大学，提出过'三阶段两点论'。每一阶段都是有好的经验，有正确的，有错误的，正确的东西加以肯定发扬，错误的东西加以改正克服。我想这么一个方针，是实事求是的方针。实事求是是符合马克思主义、毛泽东思想的方针。"

1996 年 6 月 27 日，时任校党委书记贺美英在清华大学庆祝中国共产党成立 75 周年暨清华大学党组织建立 70 周年大会上的报告中讲道："对中国高等教育和知识分子的整体估计比较偏'左'的年代，清华党组织提出'三阶段两点论'，历史地分析和看待清华几十年的办学经验，使清华优良的学风和校风得以继承和发扬。"

2021 年 6 月 28 日，时任校党委书记陈旭在清华大学庆祝中国共产党成立 100 周年暨表彰先进大会上的讲话中指出："必须坚持马克思主义底色，不断提升理论指导办学实践的水平。新中国成立后，学校党委运用马克思主义中国化成果指导办学实践，提出'三阶段、两点论''教学科研生产相结合''着重提高，在提高中发展'等思想理念。新时代以来，学校党委自觉以习近平新时代中国特色社会主义思想为指导，确立价值塑造、能力培养、知识传授'三位一体'的教育理念，秉持'顶天、立地、树人'的科研宗旨，学校发展日新月异，中国特色社会主义大学的生机活力日益彰显。"

三支代表队

建好"三支代表队"是 20 世纪五六十年代清华大学在推进因材施教、促进学生全面发展方面探索的有益做法。"三支代表队"指的是政治代表队、业务代表队（也称"科学登山队"）和文体代表队。其中，政治代表队指的是"双肩挑"政治辅导员；业务代表队指的是业务学习上拔尖的、有特长的人才，毕业后努力攀登科学高峰；文体代表队指的是学生中有文艺、体育特长的优秀人才，如文艺社团、体育代表队等。

蒋南翔在担任校长时，始终注意正确处理全面发展和因材施教的关系，注意从清华的教育实践中总结培养高素质人才的成功经验。他认为只有根据学生的不同情况进行教育，才能培养出真正全面发展的人才，因材施教的方法有助于全面发展方针的实现，二者不是矛盾的。全面发展是教育的根本目标，也是对学生的普遍和基本的要求；因材施教仅仅是教师或教育工作者在工作过程中所应具体掌握的领导方法和教育方法，这二者也是不同内容的不同范畴，不宜混为一谈。蒋南翔强调不能把学生培养成都像从一个模子里铸出来的一样，学生要有个性，要有特长。

60 年代初期，蒋南翔提出："培养学生要抓好三支代表队（政治，业务，文艺、体育），通过多种渠道殊途同归，向着又红又专、全面发展目标前进。"1979 年 3 月 9 日，蒋南翔同志在清华大学教育工作座谈会上总结十七年办社会主义大学的基本经验时讲道："清华政治辅导员、体育代表队、文艺社团所以在学校生活中起了良好的作用，最根本的一点，就在于始终坚持又红又专、全面发展的社会主义教育方向。"

上三层楼

"上三层楼"是对学生思想政治素质提出的要求。1965年6月20日，时任校长蒋南翔在全校毕业生大会上对同学们提出思想过硬、业务过硬、身体过硬的要求，并把其中的思想过硬比喻成"上三层楼"（亦称"上三个台阶"）：第一层楼是爱国主义，即爱我们伟大的中华人民共和国；第二层楼是社会主义，即愿意为社会主义服务，拥护社会主义制度；第三层楼是树立共产主义世界观。

蒋南翔在讲话中援引了毛泽东1957年3月12日在中国共产党全国宣传工作会议上的讲话中对我国知识分子思想状况的分析，对当时清华学生的思想状况也进行了分层次的分析，认为爱国主义的第一层楼可以说同学们都登上了；社会主义的第二层楼比第一层楼要求高些，也可以说绝大多数同学都登上了；但登上共产主义的第三层楼的同学就是少数了。蒋南翔勉励同学们要努力登上第三层楼，确立共产主义世界观。首先要有必要的马克思主义理论修养，其次要有革命化、劳动化的实际锻炼，第三要有不断革命的自觉精神。希望同学们在认识客观世界、改造客观世界的斗争过程中，不断地改造主观世界，毕业以后朝着这个方向不断努力。

1965 年 8 月 20 日，蒋南翔在清华大学毕业设计发奖大会上作题为《自觉革命，谦虚谨慎》的讲话，再次谈到"上三层楼"的问题。他指出，在自觉革命上，最根本、最核心的要求就是登高，更上一层楼，这跟运动成绩一样，愈到上一层楼愈难。青年人上了大学，爱国这一点恐怕是自然就有的；拥护社会主义制度，这也比较容易；要建立共产主义世界观，那就是一个终身奋斗的事。蒋南翔强调，登高愈到后来愈困难，但愈不能放松。希望同学们毕业之后也不要放松，向着共产主义的三层楼不断奋斗。

不漏气的发动机

"不漏气的发动机"是形容学校领导班子紧密团结、充满战斗力。蒋南翔在学校工作时，对党的建设十分重视，反复强调坚持和改善党的领导，必须要有一个既懂教育又团结战斗的领导班子。他把党组织比作推动学校前进的发动机，曾形象地说"党是发动机""发动机不能漏气"，要求学校领导班子成为团结战斗的集体。

1952年底，蒋南翔到清华大学担任校长，当时高校参照苏联经验实行校长负责制。每周末，蒋南翔都主持召开"校长汇报会"，党政工团各方面的党员负责人参加，以使各方面协调一致，上下配合，贯彻好党的方针政策。这个做法一直坚持到1965年演变为党委领导的体制。

60年代，学校在加强党的自身建设方面形成了一些制度。自1961年开始，学校除定期举行党委会会议、常委会会议外，每年暑期用一两周的时间举行一次党委工作会议，参加的人员有党委常委和各系、部处的党员干部。每次会议传达上级精神，学习有关文件，结合学校实际，交流思想认识，总结经验教训，讨论学校工作（也包括党的建设）中遇到的重要问题，从而统一认识，明确任务以及具有可操作性的实际措施，明确各级党组织如何围绕学校任务的完成发挥战斗堡垒作用。会议成为发扬党内民主、校系相互沟通、凝聚集体智慧、提高干部水平的重要平台。可以说，这是使清华党组织能够成为"不漏气的发动机"的一项重要措施。

多年来，清华党员干部和师生员工在思想上比较一致，党的方针政策能够被上下一致，自觉地、有力地得到贯彻。"文革"之初，蒋南翔在不同场合叮嘱清华领导集体"发动机不要漏气"，清华大学要"顶着风浪前进"。"文革"中，造反派批判清华大学"铁板一块"，是"不漏气的发动机"，"开万人顶风船"，其实这正好表明清华党委敢于坚持原则，不随风倒，而且从上到下思想高度统一。

第三篇

改革开放后至建校百年

改革开放以来，广大清华师生牢记科教兴国、人才强国的使命，主动适应社会需求，深入进行教育改革，加快建设综合性、研究型、开放式的一流大学，清华大学办学总体实力大为增强，人才培养质量、学术研究水平、社会服务能力不断提高。清华大学坚持以人才培养为根本任务，强化厚基础、重实践、求创新的育人特色，大力培养高素质、高层次、多样化、创新型的人才，广大毕业生踊跃到国家重点行业和基层施展才干。清华大学紧紧围绕改革开放和社会主义现代化建设的战略需要开展科研，取得高温气冷堆等一大批先进科技成果和优秀人文社会科学成果，社会影响和国际声誉不断提升，在创建世界一流大学的征程上迈出重大步伐、取得显著成绩。

——胡锦涛在庆祝清华大学建校 100 周年大会上的讲话

（2011 年 4 月 24 日）

从我做起，从现在做起

1979 年，化工系化 72 班团支部针对同学的思想困惑，组织开展关于社会主义的讨论，提出了"从我做起，从现在做起，为社会主义现代化事业多作贡献"的口号。这个口号后来经过《中国青年报》报道，在全国青年中引起了极大的反响和共鸣，成为时代精神的象征。多年来，这一口号也激励着一代代清华人爱国奉献、砥砺奋进，成为清华精神和文化的重要组成部分。

化 72 班 35 名同学进入清华时，"文革"刚刚结束，许多问题亟待拨乱反正。社会上各种思潮泛滥，很多同学产生了思想上的空白和迷惘，看不清社会发展的方向。当时，清华 77、78、79 级学生尽管年龄、经历不同，但都是在"文革"十年动荡中成长起来的，大多思想活跃、学习勤奋。十年浩劫在他们精神上也留下了创伤：社会主义意识削弱了，党的威信、政治工作的声誉在相当一部分青年人的心目中，也被"文革"破坏了，产生了所谓"信仰、信任、信心危机"。针对这种情况，清华在 1979 年上半年，在学生中进行了一次社会主义优越性的教育。

在这场探求国家前途、社会发展的大讨论中，化 72 班团支部没有把几个现成的结论往同学脑子里灌；而是反复强调，有什么问题和看法都可以说出来，畅所欲言，说错了也不要紧。团支部宣布讨论中"不打棍子，不扣帽子，不记本子，不揪辫子"。每次讨论会后，团支部都召开组长会，理出已搞清的问题和存在分歧的主要问题，并提出解决的办法。如针对在科学社会主义概念上的模糊认识，请马列主义教研组的老师做辅导。最后，团支部集中大家的意见，提出"从我做起，从现在做起，为社会主义现代化建设多作贡献"的响亮口号。化工系党委及时肯定了化72班的做法，并向学校党委作了报告。校党委在校内推广了化72班的经验和他们所提出的口号。12月，学校授予化72班先进集体称号。

当年12月6日，《中国青年报》以《搞四化要"从我做起，从现在做起"》为题，在头版头条报道了化72团支部提出的口号：干社会主义，要"从我做起，从现在做起"。1980年1月26日，《中国青年报》发表社论《从我做起，从现在做起》。中国青年杂志1980年第五期发表评论员文章《一代新人的崛起——谈"从我做起，从现在做起"的时代意义》。全国许多媒体也纷纷予以转载，《人民日报》头版、《光明日报》头版头条及其他多家媒体均刊载了该口号相关报道。1981年6月，化72班团支部被共青团中央授予"先进团支部"。

2019年，为纪念"从我做起，从现在做起"口号提出40周年，《中国青年报》以《穿越40年的青春回答》为题，再次在头版头条推出报道。清华大学先后开展1977级化72

1979年12月6日，《中国青年报》头版头条发表文章《搞四化要"从我做起，从现在做起"》

2019年12月6日，《中国青年报》头版头条发表文章《穿越40年的青春回答："从我做起，从现在做起"》

班校友系列访谈、主题图片展与"从我做起，接续奋斗"主题党团日等一系列主题教育活动，清华大学学生会"时代论坛"举办了化72学长专场讲座，用多样的形式传承时代精神，勉励当代学子不忘初心，牢记使命，从我做起，从现在做起，为实现中华民族伟大复兴的中国梦而不懈奋斗。

2022年5月，清华大学举行师生座谈会，集体学习习近平总书记在庆祝中国共产主义青年团成立100周年大会上的重要讲话精神。化工系学生代表在发言中回顾了当年化72班提出的"从我做起，从现在做起"，表示"作为新时代的中国青年，更要主动投身到新征程的行列中去，弘扬清华的优良传统，在改革发展各领域大显身手，到新时代新天地中去施展抱负、建功立业，'伟大复兴，从我做起，从现在做起'"。这一发言引发了与会师生的强烈共鸣。校党委书记邱勇在讲话中强调"站在共青团第二个百年的新起点上，我们要继承发扬清华人的优良传统，再次喊出'实现伟大复兴，从我做起，从现在做起'的青年誓言，将小我融入大我，将志向落到行动，扎根中国大地，到党和人民需要的地方发光发热，在全面建设社会主义现代化国家新征程中奋勇争先、贡献力量"。

严谨、勤奋、求实、创新

　　"严谨、勤奋、求实、创新"是清华的学风。它由时任校党委书记李传信于1985年5月24日在清华大学第二十四届学代会二次会议闭幕会讲话中首次提出。讲话原文为："我们要坚持不懈地发扬严谨、勤奋、求实、创新的优良学风。"

　　"严谨、勤奋、求实、创新"这八个字是在一定的时代背景下提出的。20世纪80年代初期，清华大学正处于"文革"后拨乱反正、调整、改革、整顿、提高的时期。同时，由于一些人对商品经济的误解和受社会风气的影响，学校里学生一度出现一些浮躁情绪。为了保证清华大学更好地发展，学校励精图治，迫切需要弘扬清华的优良学风。在此背景下，李传信基于清华学风的优良传统以及他四十年来在学校学习工作的亲身感悟，明确将清华的优良学风凝练为"严谨、勤奋、求实、创新"八个字，并以此作为对清华广大师生员工的要求。

　　李传信在讲话中解释了"严谨、勤奋、求实、创新"这八个字的含义。他认为，严谨和勤奋是在学校学好真本领、在工作和事业中作出真贡献的基础，是治学之本、成才之本、事业之本。弄虚作假，偷巧侥幸，即使可能得"利"于一时，甚至受到某些时候错误社会舆论的支持和鼓励，而归根到底，只能破坏我们的事业和坑害自己。在严谨和勤奋的基础上，求实和创新是清华大学学风的又一特色，求实和创新是统一和相互促进的。求实具有三层含义，一是在学习中理论和实际结合，二是在学习和工作中面向我国的生产实际和社会实际，三是坚持实干，行胜于言，在社会主义建设的伟大实践中作出实在的贡献，而不是追求虚名和个人的所谓实惠。创新就是在前人成就的基础上前进和突破，从实际出发创造性地解决实际问题，取得新成果和新进展。要做到这一点，没有坚实的基础不行，同时还有要有充沛的创新意识和活力。

"严谨、勤奋、求实、创新"的八字学风一经提出就引起了全校广大师生员工的热烈反响与强烈共鸣。在全校各个重要场合的讲话里，"严谨、勤奋、求实、创新"的八字学风也被反复重提。曾任清华大学党委书记、校长的刘达同志在《我与清华》一文中说："我最留恋的就是清华的精神！一种百折不挠、追求真理的精神！一种热爱祖国、忠于事业的精神！一种严谨、勤奋、求实、创新的精神！一种自强不息、奋发向上的精神！"

八字学风提出后，清华开启了一系列学风建设行动。1990年起，清华大学开展一年一度的"优良学风班"评选活动。2002年3月14日，学校召开学风建设动员大会，时任校长王大中提出"为学须笃行，为人重诚信，为学如为人"。2007年9月13日，学校再次召开学风建设动员大会，会议要求要始终高度重视学生的培养质量，要始终把加强学风建设作为提高学生培养质量的基础性工作常抓不懈。2008年9月18日，学校召开本科生班集体建设暨学风建设大会，会议指出，学风建设是学校育人工作的一项重要内容，良好的集体风气育人于无形，班集体在良好班风学风养成中具有重要作用。

2019年3月，学校全面启动"学风建设年"工作，深入开展学风大讨论和工作调研。同年11月28日，学校举行学风建设大会，时任校党委书记陈旭、校长邱勇分别就学风建设作了讲话与工作报告。2019年学风建设大会的总结报告对"严谨、勤奋、求实、创新"的八字学风作出了新的阐释："严谨体现更多的是严格、认真。""勤奋体现一种勤思、勤做和奋发的状态。求实体现诚实态度、实践精神、实干行动。创新是超越自我、探索新知，创造新知识、新思想，用创新的成果服务社会。"2020年3月13日，学校发布《清华大学关于加强新时代学风建设的若干意见》。

"严谨、勤奋、求实、创新"这八个字被醒目地镌刻在清华大学第三教学楼外壁上。它作为一种文化符号，时刻勉励着来来往往的清华人。

着重提高，在提高中发展

"着重提高，在提高中发展"是时任校长高景德在 20 世纪 80 年代提出的办学指导思想。

高景德在不同场合以不同话语表达过这一思想，突出强调提升人才培养质量和人才培养层次。1983 年 6 月，高景德在全校干部会上强调，"今后大学本科的任务，主要不是发展数量，而是提高质量，而且提高的任务还很重"，研究生要"在保证质量的前提下，再进一步发展数量"。1984 年 1 月，高景德在清华大学第十七次教学讨论会第一次会议上的讲话中提出："今后一个时期，我校的办学原则是'稳步发展，着重提高，调整结构，加强配套'。其中核心是提高。"1984 年 9 月，高景德在清华大学 1984 级新生开学典礼上的讲话中谈道："学校正处在'继续发展、着重提高'的新阶段。"后来经大家讨论后，这一指导思想在 1985 年 8 月学校第七次党代会的报告中正式表述为"着重提高，在提高中发展"，主要内涵为："在已经确定的学校发展规模内，着重提高培养人才的质量和高层次人才的比例，提高学术和技术水平，提高各项工作的效率和效益，为国家多作贡献。"

　　第七次党代会报告还强调，"由于学校的发展受到许多客观条件的制约，不能超越学校本身的承受能力。因此，各方面的工作必须统筹兼顾，合理部署人力、物力，进行综合平衡，使之有计划、按比例、协调地发展，不能过多地铺摊子。这就要求各级党组织和广大党员、干部树立'全校一盘棋'的全局观点，发扬艰苦奋斗、勤俭办学的精神，使现有的人力、物力和财力充分地发挥效益和作用。"第七次党代会还明确了学校今后的发展目标："按照'着重提高，在提高中发展'的方针，用十年或较长一些的时间，建成高水平的以工科为主的综合大学，使清华大学成为我国培养高级专门人才和发展科学技术文化的重要基地之一。"

　　高校发展在任何时期都会有资源的约束，但提升质量是不变的主题。"着重提高，在提高中发展"这一指导思想至今仍对学校的办学治校起着重要作用。

不论什么制，不团结就没治

　　"不论什么制，不团结就没治"是高景德任校长期间提出来的，主要强调不论什么领导体制，校领导班子要经常相互通气、相互支持、团结一致，这样才能铸就坚强的领导集体，带领学校不断向前发展。

　　1978 年至 1984 年，我国高校实行党委领导下的校长分工负责制。根据《中共中央关于教育体制改革的决定》要求，1985 年后学校逐步实行校长负责制。1996 年，中共中央发布《中国共产党普通高等学校基层组织工作条例》，明确提出"高等学校实行党委领导下的校长负责制。"至此，全国高校全部实行党委领导下的校长负责制。高景德担任清华大学校长之初，学校实行党委领导下的校长分工负责制。按照上级要求，清华从 1986 年开始由党委领导下的校长分工负责制逐步向校长负责制过渡。在过渡期间，一次外单位有人找高景德谈对校长负责制的看法，高景德回答说："不论什么制，班子不团结就没治。"

　　1995 年，时任校党委书记方惠坚在学校第十次党代会工作报告中强调"正确处理党政关系，发挥党政两方面的作用"，报告指出："我校在 1988 年之前实行的是党委领导下的校长负责制，之后试行校长负责制至今。无论实行哪种领导体制，党政关系始终是融洽的。学校党政领导坚持民主集中制原则，共同参与学校重大问题的决策。校长尊重党委的思想政治领导，重视发挥党组织的政治核心作用；党委尊重学校行政领导的行政管理，支持校长全面负责学校的工作。各系党政关系是好的。在共同工作中，努力做到'互谅、互让、互助、互补，团结协作'"，"之所以能这样，首先是校系党政领导班子的成员有一个共同的目标——办好清华大学"。

　　"不论什么制，不团结就没治"这句看似很通俗的话道出了校领导班子建设的一个关键点——团结。团结也成为清华历届校领导班子始终坚持的原则，有效地增强了集体领导的力量。

三个认识一致

"三个认识一致"即领导班子成员要努力做到对党的理论路线方针政策认识一致，对党的教育方针和学校办学指导思想认识一致，对学校历史、现状和发展目标认识一致。这既是对校领导班子成员的要求，也是对院系领导班子的要求。

"三个认识一致"形成于 20 世纪 90 年代。1992 年，时任校党委书记方惠坚在执笔撰写的《加强领导班子建设是办好社会主义大学的关键》报告中提出"改革开放以来，无论是在工作比较顺利的时候，还是在资产阶级自由化思潮泛滥、工作相当困难的时候，党委都认真抓紧校系两级领导班子的思想建设，努力做到三个认识一致"，并将"三个认识一致"表述为"对中央路线、方针的认识一致""对教育方针、办学指导思想的认识一致"和"对学校的历史、现状、未来认识一致"。1995 年，中国共产党清华大学第九届委员会工作报告《加强党的工作 建设世界一流的社会主义大学》明确提出，"加强校系领导班子的思想作风建设，是党政密切配合把学校办好的基础。这些年来，党政领导班子坚持理论结合实际地学习马克思主义与小平同志的建设有中国特色的社会主义理论，努力做到对党的基本路线方针政策认识一致，对教育方针、办学指导思想认识一致，对学校的历史、现状和未来认识一致。"报告对原来的"三个认识一致"的提法进行文字调整，并固定下来，"三个认识一致"逐渐成为历届领导班子的共识。

2012年，时任校党委书记胡和平在学校第十三次党代会报告中强调："始终坚持党对学校的领导，认真执行党委领导下的校长负责制，领导班子成员努力做到对党的理论路线方针政策，对党的教育方针和学校办学指导思想，对学校历史、现状和发展目标'三个认识一致'，积极探索符合中国国情和学校实际的发展道路。"

综合性、研究型、开放式

　　"综合性、研究型、开放式"是清华大学于 20 世纪 90 年代借鉴世界著名大学办学经验、结合学校办学实际和历史传统提出的总体办学思路。《清华大学"九五"事业发展规划》明确提出"向高水平的综合性、研究型、开放式大学迈进"。时任校长王大中在 1995 年的教代会报告中强调，"从现在起到 2000 年，是实现我校总目标迈出的第一步，也是关键的一步。通过'九五'事业发展规划实施，将使我校在教学质量、学科建设、科学研究、队伍建设和管理水平等方面上一个新台阶，使我校朝着建设综合性、研究型、开放式的一流大学前进一大步。"

　　综合性是基础。从国际经验看，世界一流大学多是综合性大学。清华历史上也是一所综合性大学，具有综合性学科的悠久传统和文化底蕴。从时代的要求看，综合化已成为当今世界科学与教育发展的共同趋势，综合性的学科结构不仅为前沿学科与交叉学科的发展提供有利环境，也是培养高素质人才的必要条件。在各种学科互相渗透、各种文化互相融合的环境下，学生才能更好地实现全面发展。

　　研究型是核心。大学不仅要强调知识传授，更要强调知识生产，同时注重科研与教学的结合，在不断做出重大科学技术创新成果的同时，培养出众多有创造性的学生。

开放式是学校的活力所在。高等学校只有将自身放置在一个开放的系统中才能不断地发展与进步。开放式办学一方面是向世界开放，使学校成为东西方文化和科学技术交流的桥梁；另一方面是向国内开放，把学校的发展与国家和地区的经济社会发展紧密结合，使学校不仅成为培养人才的基地，而且努力成为新思想、新技术的源泉，信息汇集的交流中心和经济增长的发动机。

爱国奉献、又红又专、实事求是、深入群众

"爱国奉献、又红又专、实事求是、深入群众"是清华党组织的优良传统。1926 年，王达成、雷从敏、朱莽三名中共地下党员在三院成立了清华第一个党支部。在艰苦卓绝的地下斗争中，清华党组织不断发展壮大，逐步形成了"爱国真情，坚定信念，崇高理想；联系群众，代表群众，关心群众；艰苦卓绝，坚持斗争，善于斗争；服从纪律，严守机密，保持气节"的革命传统。曾任清华大学党总支书记的彭珮云同志指出，"清华早期是一所'庚子赔款学校'，美国政府的目的是要用庚子赔款培养接受西方控制的精神领袖。但清华却培养了大批爱国的知识分子。原因之一是清华大学的共产党组织发挥了重要的作用。"

1996 年，时任校党委书记贺美英在庆祝中国共产党成立 75 周年暨清华大学党组织建立 70 周年大会上的报告《发扬党的优良传统　建设社会主义一流大学》中将清华党组织的传统总结为"爱国奉献，在不同的历史时期为实现党的中心任务建功立业、进取献身""又红又专，努力实现全心全意为人民服务的宗旨""实事求是，正确地、创造

性地贯彻党的方针政策""联系群众、团结奋进，发挥党组织的政治核心作用和共产党员的先锋模范作用"。

2006年，时任校党委书记陈希在清华大学庆祝中国共产党成立85周年大会上的讲话《继承光荣传统　推进先进性建设　为把我校建设成为世界一流大学而努力奋斗》中再次强调："10年前，在纪念我校建立党组织70周年时，学校党委反复征求各方面意见，概括出了清华党组织光荣传统的四个方面：第一，爱国奉献，在不同的历史时期为实现党的中心任务建功立业、进取献身；第二，又红又专，努力实现全心全意为人民服务的宗旨；第三，实事求是，正确地创造性地贯彻党的方针政策；第四，联系群众，团结奋进，发挥党组织的政治核心作用和共产党员的先锋模范作用。这四个方面既贯穿了清华党组织80年的发展历程，又有着十分鲜明的现实意义。"

2011年，时任校党委书记胡和平在清华大学庆祝中国共产党成立90周年暨表彰先进大会上的讲话《高扬旗帜　奋勇争先　加快建设世界一流大学》中提出："今年是清华大学建校100周年，也是我校建立中国共产党的组织85周年。在清华大学百年历史长河中，清华党组织也走过了光荣的历程，形成了爱国奉献、又红又专、实事求是、深入群众的优良传统。"将原来的"爱国奉献、又红又专、实事求是、联系群众"中的"联系群众"调整为"深入群众"，从此"爱国奉献、又红又专、实事求是、深入群众"成为清华党组织传统的固定表述。

高素质、高层次、多样化、创造性

　　"高素质、高层次、多样化、创造性"是清华大学面向 21 世纪提出的人才培养目标，它由时任校长王大中于 1998 年 4 月 16 日在对全校教育思想大讨论的总结报告中首次提出。

　　20 世纪 90 年代末，随着知识经济的来临、国家"211 工程"的实施以及学校向"综合性、研究型、开放式"大学的战略转型，清华开始思考如何确立新的与时代发展要求相适应的人才培养总体目标的问题。围绕"清华 21 世纪要培养什么样的人、如何培养人"，学校于 1995 年召开第 20 次教学研讨会，讨论人才培养模式改革问题。在 1997 年初的寒假务虚会上，校领导班子决定在全校范围内开展一次教育思想大讨论。1997 年上半年，学校组织开展了规模广泛的毕业生调查，以此作为教育思想大讨论的基础；1997 年秋季学期开始，学校在全校范围内开展了主题为"人才培养怎样才能适应快速转型中的社会需要"的教育思想大讨论，重点讨论面向 21 世纪清华的人才培养目标与要求，为期 5 个多月。1998 年 4 月 16 日，王大中在第四届教代会暨第十六届工代会第四次全体会议上作《转变教育思想　更新教育观念　推进教育改革》的报告，对教育思想大讨论作总结。他在报告中指出："学校经过反复研究，将我校人才培养目标概括为：面向21世纪的'高素质'、'高层次'、'多样化'、'创造性'的骨干人才"。

王大中具体诠释了"高素质、高层次、多样化、创造性"的含义。他指出，"高素质"是对我校培养目标的总体要求，主要体现在培养学生具有正确的政治方向，献身社会、报效国家与民族的理想和道德，坚实的科学基础和较高的文化素养，崇尚务实而又富于创新的实践能力、开拓能力以及强健的身心素质；"高层次"既体现在培养学生具有较高的学历学位层次，又体现在培养学生具备承担更多的学术责任和社会责任方面；"多样化"既代表综合性大学在各个学科方向的人才多样性，同时也体现复合型人才对经济社会发展变化的适应性；"创造性"是指在本科教育和研究生培养的各个阶段重视创新意识的培养，把创造性作为人才质量观的重要标志。

"高素质、高层次、多样化、创造性"的人才培养目标在全校范围内得到了广泛认同。2014年学校发布的《清华大学章程》再次明确："学校坚持高素质、高层次、多样化、创造性的人才培养目标，以实施全日制高等学历教育为主，实行价值塑造、能力培养、知识传授'三位一体'的培养模式，致力于培养学生具备健全人格、宽厚基础、创新思维、全球视野和社会责任感，实现全面发展和个性发展相结合。"

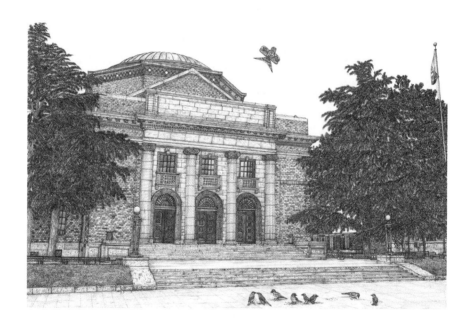

爱国奉献、追求卓越

"爱国奉献、追求卓越"的提法是在 2001 年清华大学 90 周年校庆后逐步确立的。"爱国奉献"是清华的文化传统，从建校之初的"明耻图强"到"华北之大，已安放不得一张平静的书桌了"，从以身许国的"两弹一星"元勋到"到祖国最需要的地方建功立业"的莘莘学子，清华人始终把服务祖国、服务人民作为自觉的行动。20 世纪 80 年代，清华学生主题教育的主题就是"爱国、成才、奉献"。

90 周年校庆前，学校组织过关于清华精神的讨论，时任校长王大中在 2001 年 3 月 22 日的全校本科生大会上把清华的传统概括为"以'爱国奉献'为主线，以'自强不息、厚德载物'为校训，以'行胜于言'为校风，以'严谨、勤奋、求实、创新'为学风"。

2001 年 6 月 6 日，时任国务院总理朱镕基同志来校作报告时提出，"清华有自己的精神，至于这精神是什么，需要在座的诸位回答。我的理解是：追求完美！" 2001 年 6 月 27 日，时任校党委书记贺美英在清华大学纪念中国共产党建党八十周年大会上的讲话中谈道："关于如何概括'清华精神'，近年来我们征求过学校各方面的意见，也请教过有关专家。大家比较集中的看法是，'清华精神'应包括两个方面。一是'爱国、奉献'的精神，这是'清华精神'的核心，是清华人做人的标准，'爱国'是海内外所有清华人共同的政治境界，'奉献'是清华人崇尚的价值观念。二是清华人的一流意识，是清华人做事的标准，干什么都要干得最好。最近朱镕基同志来学校作报告，也是讲到了这两个方面。他所讲的'为人与为学'的关系，实际讲的就是第一个方面；而对第二个方面，他很明确地提议概括为'追求完美'。关于'清华精神'还可以继续讨论，我们更需要的是通过讨论使所有清华人追求崇高的精神境界。"这是学校第一次把"爱国奉献、追求完美"放在一起作为对清华精神的概括。后来，学校领导班子在广泛征求意见的基础上提出，"追求卓越"比"追求完美"更为贴切，"爱国奉献、追求卓越"逐渐为大家所接受和认可。

2011 年，时任中共中央总书记、国家主席、中央军委主席胡锦涛在庆祝清华大学建校 100 周年大会上的讲话中强调了清华"爱国奉献、追求卓越"的传统。2014 年，学校明确把"弘扬'爱国奉献、追求卓越'传统"写入《清华大学章程》。2016 年，习近平总书记在致清华大学建校 105 周年贺信中指出，"105 年来，清华大学秉承自强不息、厚德载物的校训，开创了中西融汇、古今贯通、文理渗透的办学风格，形成了爱国奉献、追求卓越的精神和又红又专、全面发展的培养特色，培养了大批学术大师、兴业英才、治国人才，为国家、为民族作出了重要贡献。"

2021 年，在清华大学 110 周年校庆日前夕，习近平总书记考察清华时再次强调，"110 年来，清华大学深深扎根中国大地，培育了爱国奉献、追求卓越的光荣传统，形成了又红又专、全面发展的教书育人特色，为国家、为民族、为人民培养了大批可堪大任的杰出英才。这是一代代清华人拼搏奋斗、勇攀高峰、争创一流的结果。"

育人至上，体魄与人格并重

"育人至上，体魄与人格并重"的理念贯穿于清华办学全过程，明确提出于21世纪初，是清华大学的体育教育观，强调体育教育不仅要注重强身健体，更要重视人格的塑造与意志品质的培养，促进学生全面发展。

重视体育是清华的办学特色之一。建校110余年来，学校始终将体育作为育人的重要环节。周诒春校长强调德、智、体三育并重。梅贻琦校长提出，"吾们在今日提倡体育，不仅在操练个人的身体，更要藉此养成团体合作的精神"。20世纪50年代，蒋南翔校长提出的"在普及的基础上提高，在提高的指导下普及""业余赶专业"等口号，对促进清华体育的发展起到了重要作用。蒋南翔校长提出的"争取至少为祖国健康工作50年"的口号，不仅成为清华学子的奋斗目标，而且在全国高校乃至社会上都有着广泛影响。90年代以来，学校将体育纳入学校学科发展轨道，并提出大学体育是社会体育和国家体育的组成部分，积极探索在大学培养高水平运动员的育人新思路。

2001年，时任校党委常务副书记、校体委主任陈希在广州召开的全国高校体育工作研讨会上作题为《坚持"育人至上"和"体魄与人格并重"的体育观》的报告，强调"在学校体育工作中，要真正体现'体魄与人格并重'的指导思想，必然要求我们在学校体育的价值体系中，要坚持'育人至上'的原则，即培养人是学校体育的最高价值""体育教育忽视了育人和人格的培养将是没有灵魂的教育"，首次把"育人至上，体魄与人格并重"作为学校的体育观。2006年4月，时任校党委书记陈希在清华大学体育工作会议闭幕式上的讲话中强调："坚持把体育作为促进学生全面发展的重要手段，坚持'育人至上，体魄与人格并重'的体育教育观，无疑也是我校体育的一条成功经验和宝贵传统。"

　　"育人至上，体魄与人格并重"作为学校的体育教育观，成为指导新时期体育工作的重要思想，也逐步成为全校师生员工的共识。

三个九年，分三步走

·

　　"三个九年，分三步走"提出于 2002 年，被定位为当时清华大学的总体发展战略。它将学校 1994 年至 2020 年间的世界一流大学建设历程划分为三个阶段，并明确了各个阶段的任务和目标，主要内容为：

　　第一个九年，1994—2002 年，调整结构，奠定基础，初步实现向综合性的研究型大学的过渡；

　　第二个九年，2003—2011 年，重点突破，跨越发展，力争跻身于世界一流大学行列；

　　第三个九年，2012—2020 年，整体推进，全面提高，努力在总体上达到世界一流大学水平。

　　"三个九年，分三步走"提出的重要背景是党的十六大的召开。2002 年 11 月，党的十六大提出，"我们要在本世纪头二十年，集中力量，全面建设惠及十几亿人口的更高水平的小康社会"。在学习党的十六大精神的过程中，时任清华大学校长王大中、校党委书记陈希带领班子成员，重新审视学校在 21 世纪初期改革和发展的阶段目标，并把各个阶段目标和国家的发展战略更加紧密地联系在一起。王大中认为，学校 1993 年暑期干部会提出"在 2011 年建校一百周年之际，把清华大学建设成为国际一流的具有中国特色的社会主义大学"，2011年是清华建校一百周年，是个重要的时间标志，代表清华第二个百年的开启，同时要把党的十六大确定的2020年国家发展战略目标作为下一个重要的时标。由此，学校形成了清华从世纪交替到本世纪初叶的三个发展阶段。

2003年，王大中在向教职工代表大会所作的题为《总结经验　坚定信心　努力实现跻身世界一流大学的目标》的报告中完整地提出了"三个九年，分三步走"总体发展战略，并提出"按照国家'三步走'的战略，到本世纪中叶，我国将基本实现现代化。在2020年以后，我校还要继续努力发展，争取到2050年前后将清华大学办成具有先进水平的世界一流大学"。这也是"三个九年，分三步走"第一次出现在学校正式文本中。但是由于"非典"的影响，2003年上半年教代会推迟举行，报告最后在2003年10月31日召开的清华大学第五届教代会、第十七届工代会第六次会议上以书面形式印发。

"三个九年，分三步走"总体发展战略提出后，成为学校推进世界一流大学建设和中长期发展的重要指南，也成为学校领导班子和广大师生员工的重要共识。2007年发布的《清华大学事业发展"十一五"规划纲要》强调了"三步走"战略，并对2012—2020年的第三个九年的提法做了个别调整，将原来提出时的表述"全面提高，协调发展，努力在总体上建成世界一流大学"改为"整体推进，全面提高，努力在总体上达到世界一流大学水平。"

2012 年发布的《清华大学事业发展"十二五"规划纲要》提出，"继续坚持'三个九年，分三步走'的总体发展战略，深化改革，全面提高，到 2020 年我国全面建成小康社会时争取在总体上达到世界一流大学水平，为到本世纪中叶国家基本实现现代化时迈入世界一流大学前列奠定坚实基础。" 2012 年，学校第十三次党代会报告再次强调，"要继续推进'三个九年，分三步走'总体战略，深化改革，全面提高，到 2020 年我国全面建成小康社会时争取使清华大学在总体上达到世界一流大学水平，到本世纪中叶国家基本实现现代化时力争进入世界一流大学前列。" 2017 年，学校第十四次党代会报告提出"一流大学建设进入到'三个九年，分三步走'总体战略的冲刺阶段"，进一步提出了与"三个九年，分三步走"战略紧密衔接的新的中长期发展目标。

2022 年，学校第十五次党代会报告提出："改革开放以来，学校党委提出'着重提高，在提高中发展'的指导方针，确立了'把清华大学建设成为世界第一流的具有中国特色的社会主义大学'的奋斗目标；明确了'三个九年，分三步走'的总体发展战略，通过调整结构、重点突破、全面提高，使学校达到世界一流大学水平"。

严谨为学、诚信为人

　　"严谨为学、诚信为人"是 2002 年全校学风建设动员大会上时任校长王大中报告的题目。王大中从"为学须笃行""为人重诚信""为学如为人"三个方面对全校学生提出了要求：为学要有执着的精神、严谨勤奋的态度和求实创新的科学思维方法；诚实守信是做人的一个基本要求；为学和为人是统一的。只有为人志存高远，为学才能坚持不懈。王大中强调，同学在校养成一个什么样的学风，不但会影响到大家在校期间的学习，更重要的是会影响到一生如何为人。最后，他特意引用了朱镕基同志 1992 年给清华电机系成立 60 周年写的贺信：

　　"四十多年前，母校电机系主任章名涛教授在一次会上对我们讲过这样一段话：'你们来到清华，既要学会怎样为学，更要学会怎样为人。青年人首先要学为人，然后才是为学。为人不好，为学再好，也可能成为害群之马。学为人，首先是当一个有骨气的中国人。'

　　哲人已逝，言犹在耳。清华就是教我们'为学'，又教我们'为人'的地方，它以严谨的学风和革命的传统，培养了一代又一代献身革命和建设祖国的'有骨气的中国人'。饮水思源,终生难忘。

为学在严,严格认真,严谨求实,严师可出高徒。

为人要正,正大光明,正直清廉,正己然后正人。

清华电机系行年六十,弟子六千,为人为学,人才辈出。值此建系六十周年大庆,敬录章师名言,愿与同学共勉。"

此后,"严谨为学、诚信为人"主题教育活动在全校师生中广泛开展。"严谨为学、诚信为人"的横幅经常悬挂在校园主干道醒目处,与镌刻在第三教学楼的"严谨、勤奋、求实、创新"学风相互呼应,营造催人向上的良好育人氛围。

立大志、入主流、上大舞台、干大事业

"立大志、入主流、上大舞台、干大事业"是清华大学倡导的就业择业观，也是学校就业引导工作的重要理念。这个理念形成于 2003 至 2006 年间，最初只是提"入主流、上大舞台"，后来逐渐丰富，加上了"立大志""干大事业"。"立大志"是指树立远大的志向，锲而不舍去做对国家、对人民有意义的事情；"入主流""上大舞台"是指要有主流意识，自觉将个人发展同国家社会需要紧密结合，选择到国家重点行业和地区去建功立业；"干大事业"是指要脚踏实地、辛勤耕耘，用奋斗去努力成就一番大事业。

2003 年 10 月 23 日，时任校党委书记陈希在 2004 届本科毕业生党员大会上的讲话中要求同学"入主流，上大舞台"。2004 年 10 月 10 日，陈希在同工程物理系核 12 班同学座谈会上的讲话中谈到，"要立大志。大家都是有才华的年轻人，成才第一位就是要立大志。……同学们在事业上的选择上应该是'入主流，上大舞台'"。

2005 年 7 月 6 日，陈希在清华大学 2005 年赴西部、基层、重点单位工作毕业生出征仪式暨"启航计划"暑期就业实践动员会上的讲话中谈到，"我们欣喜地看到，如今越来越多清华学子响应学校的号召，在政治立场、政治态度上，自觉做到拥护党、拥护社会主义；在人生价值观上，立志服务祖国、服务人民，祖国至上、人民为先，把自我价值的实现与服务祖国人民统一起来，并具体体现在对'入主流、上大舞台、干大事业'的择业观的认同"。

2005 年 12 月 2 日，陈希在 2006 届全校毕业生党员大会上的讲话中讲道，"我认为年轻人总得有点理想和激情，我们不是唯心主义者，不是不讲物质利益，但应该看清楚什么更重要。清华的毕业生日子过不去的还没听说过，所以希望同学们首先建立这样的理念或者价值体系——国家至上、人民优先、事业为重。这无论对国家还是个人都是非常重要的，所以我老是鼓励清华的学生要立大志、入主流、上大舞台、干大事业。"

从此之后，"立大志、入主流、上大舞台、干大事业"成为学校就业引导工作的重要理念，也成为越来越多清华毕业生的自觉行动。

两个拥护、两个服务

"两个拥护、两个服务"，即"拥护党、拥护社会主义，服务祖国、服务人民"，是清华大学在 21 世纪初期确立的学生思想政治教育目标。它由时任校党委书记陈希于 2004 年 8 月 28 日在第二十次学生思想政治工作研讨会上首次提出。

清华大学历来重视学生的思想政治教育工作。1961 年，时任校长蒋南翔结合当时形势，向全体清华毕业生们提出了"两个拥护、一个服从"要求，他提出："毛主席在《关于正确处理人民内部矛盾的问题》中提出了六条政治标准，其中最重要的是拥护党的领导和社会主义两条。对同学来说，就是拥护党的方针路线，毕业后能自觉愉快地服从国家分配，积极努力为社会主义工作"。这可以被看作是"两个拥护、两个服务"的基础。

2004 年，学校党委经过多次讨论，逐渐凝练出"两个拥护、两个服务"的育人目标。2004 年 8 月 28 日，在第二十次学生思想政治工作研讨会上，陈希在讲话中提出"我建议把'两个拥护、两个服务'提出来，这是世界观、价值观、人生观的具体化"。2004 年 10 月，中共中央、国务院发出《关于进一步加强和改进大学生思想政治教育的意见》。在学习贯彻文件精神的过程中，学校深深感到，在国际国内形势发生深刻变化的背景下，高校必须始终把培养什么人、怎样培养人这一重大课题摆在突出位置。2004年10月，在教育部学习贯彻《中共中央国务院关于进一步加强和改进大学生思想政治教育的意见》座谈会、高校党建座谈会的发言中，学校进一步明确了"两个拥护、两个服务"的表述。由此，"两个拥护、两个服务"正式成为学校思想政治教育目标。

陈希对"两个拥护、两个服务"的含义作了解释。他指出："拥护党和社会主义是政治方面的要求，服务祖国、服务人民是价值观、人生观方面的要求，把个人的理想、事业追求同祖国、人民的利益、前途命运结合起来，在实现党和人民的目标过程中实现个人的价值。也就是我们的同学在需要做出人生选择的时候能够更多地考虑祖国和人民。"学校党委在此基础上进一步指出，"两个拥护、两个服务"的提出是为了"着力引导青年大学生，在政治立场、政治态度上，真正做到拥护党、拥护社会主义，树立起中国共产党是领导我们事业的核心力量的观念，树立起中国特色社会主义的共同理想，努力追求共产主义远大理想；在人生价值观上，立志服务祖国、服务人民，祖国至上、人民为先，把自我价值的实现与服务祖国人民统一起来"。

"两个拥护、两个服务"的理念一经提出，迅速在学校内达成了共识。学校党委多次在党代会报告中强调学校对全体师生"拥护党、拥护社会主义，服务祖国、服务人民"的基本要求。

不唯上、不唯书、不唯洋、不唯他、只唯实

"不唯上、不唯书、不唯洋、不唯他、只唯实"提出于 2004 年，简称"四不一唯"，强调办学要从实际出发，按照规律办事。时任校党委书记陈希在校内外多个场合强调"四不一唯"的思想方法。2004 年 11 月 4 日，陈希在学校第五届教代会暨第十七届工代会第八次会议上的讲话中强调："我们要继承清华大学的优良传统，从实际出发，按照规律办事，一定要努力做到不唯上、不唯书、不唯洋、不唯他、只唯实。"2004 年 11 月 9 日，陈希在后勤系统干部会上的讲话中对"四不一唯"进行了阐释：

"清华办学很重要的理念就是从实际出发，按规律办事，这个实际有国家的实际，有国情、校情，有教育系统的情况，也有学校的情况。所以，我们讲从实际出发的时候就会讲四个'不唯'。

一是'不唯上'，'不唯上'不是说不按照上级的指示要求来做，上级的精神是要贯彻落实的，但是不能'唯'，不是简单地领导说怎么做就怎么做。

二是'不唯书'，就是不能简单地书上怎么说就怎么做，前人的经验我们还是要总结、要学习的，但是不能'唯'。

三是'不唯洋'，就是不能简单地洋人怎么说我们就怎么做，外国的先进经验符合国情的要学习，但是也得从实际出发。

四是'不唯他'，就是不能简单地别的学校做什么我们就跟着做什么，我们要学习兄弟院校的先进的办学经验。"

"不唯上、不唯书、不唯洋、不唯他、只唯实"是在陈云同志提出的"不唯上、不唯书、只唯实"基础上发展而来的，针对大学的改革发展增加了"不唯洋、不唯他"，充分体现了一切从实际出发、按照客观规律办事的辩证唯物主义的思想方法，是指导清华大学改革发展的重要办学理念。

顶天、立地、树人

　　"顶天、立地、树人"是清华大学的科研宗旨，确立于 2008 年学校第 16 次科研工作讨论会。"顶天"是指瞄准国际学术前沿开展基础研究和原始创新研究，"立地"是指面向国家重大战略需求主动承担重大任务，"树人"是指科研要服务拔尖创新人才培养。

　　20 世纪 80 年代中期，根据国家"经济建设必须依靠科学技术、科学技术工作必须面向经济建设"的战略方针，清华提出了"一个主体、两个侧翼"的科研工作指导思想，以协调好基础、应用与开发三者之间的关系。"一个主体"即面向经济建设主战场的应用研究，"两个侧翼"即基础研究与开发研究。1995 年，中共中央、国务院发布了《关于加速科学技术进步的决定》，提出了科教兴国战略。在当年的暑期中层党政干部会上，大家围绕清华的科研到底应该是"顶天"还是"立地"展开了讨论。时任校长王大中在总结讲话中谈道，"我们的科学研究到底是'顶天'还是'立地'？这个问题这样提出来有点绝对化。应该说，我们既要'顶天'，也要'立地'；要么'顶天'，要么'立地'，中间不'顶天'、不'立地'的要少一些。"后来，清华根据国家的要求和自身实际，提出了"顶天、立地、促转化"的科技工作指导思想。

进入新世纪以来，中共中央、国务院提出了"坚持以人为本，树立全面、协调、可持续的发展观，促进经济社会和人的全面发展"的要求。如何在学校的科技工作中贯彻落实科学发展观，是新世纪需要思考的重大问题。经过2008年学校第16次科研工作讨论会将近一年的讨论，清华确立了"顶天、立地、树人"的科研宗旨，将"树人"融入"顶天""立地"的科研工作过程中。

厚基础、重实践、求创新

"厚基础、重实践、求创新"是对清华大学人才培养特色的总结概括。"厚基础"强调让学生掌握宽厚扎实的基础知识、基本技能;"重实践"是指在培养中坚持理论联系实际,重视实践教育,着力提高学生解决实际问题的能力;"求创新"是指注重用科研前沿的最新知识和科技创新的最新成果启发学生的创新意识,通过让学生参加科研工作来培养学生的创新思维和创新能力。

2007 年,学校在准备教育部本科教学工作水平评估报告的过程中,对本科人才培养理念进行梳理,在时任校长顾秉林的讲话和自评报告中提出过"宽口径、厚基础、强实践""厚基础、强实践、重创新""厚基础、宽口径、强实践、重创新"等理念。2009 年,顾秉林在学校第 23 次教育工作讨论会开幕式的报告中分析了清华在建校初期、新中国成立后和改革开放以来三个阶段人才培养的特色,由"厚基础"到"厚基础、重实践",再到"厚基础、重实践、求创新",认为清华大学的人才培养工作始终在继承中发展创新。"厚基础、重实践、求创新"不仅仅是本科人才培养特色,也是学校整体人才培养的特色。

2010 年 5 月 3 日，顾秉林在第四届中外大学校长论坛上对"厚基础、重实践、求创新"作了进一步阐释。他认为，从建校起到 20 世纪 40 年代末，清华人才培养的典型特色是"厚基础"。当时学校通过广延名师，给予学生坚实的数理和人文基础、科学的学习方法及自强不息、厚德载物的精神追求与气质。特别是在梅贻琦担任校长时期，学校强调大学教育应在通而不在专，通识为本，专识为末，并且开始在教育中倡导和实践中西融会、古今贯通、文理渗透，成为清华教育理念重要的成果。那个时期，有很多学生打完基础以后再经过国外高水平的专业研究训练，回到中国作出了杰出的贡献。

顾秉林回顾说，从新中国成立以后，到 20 世纪 90 年代，面对国家大规模经济建设的急迫需求，清华在这一时期将教育中的"重实践"特色和原有的"厚基础"传统有机结合，提出"红色工程师"的人才培养目标。蒋南翔校长提出，大学不仅要给学生干粮，更要给学生猎枪，让学生自己具有获得干粮的工具；学生"真刀真枪做毕业设计"，直接参加到国家建设的实际领域，在实践当中提高他们的业务水平。在培养过程中，除实施长学制、严要求外，还特别注重实践和应用知识能力的培养，学生通过参与工程实践，毕业后能很快适应工作并挑大梁、出成绩，广大毕业生在国家建设的第一线脱颖而出。

顾秉林认为，改革开放以后，中国经济高速发展，综合国力不断增强，逐步进入自主创新的时代。特别是进入新世纪以来，面对激烈的国际与人才竞争，清华不仅要培养一般意义上的"行业高手",而且要培养具备创新思维和能力的人才。在过去的厚基础、重实践之上,"求创新"成为时代、国家和社会对清华提出的突出要求,也是清华在新百年必须承担的历史责任。

后来,"厚基础、重实践、求创新"逐渐为师生所认可,成为概括学校人才培养特色的固定说法。2011 年 4 月 24 日,时任中共中央总书记、国家主席、中央军委主席胡锦涛在庆祝清华大学建校 100 周年大会上的讲话中指出,"清华大学坚持以人才培养为根本任务,强化厚基础、重实践、求创新的育人特色,大力培养高素质、高层次、多样化、创新型的人才,广大毕业生踊跃到国家重点行业和基层施展才干。"

学术大师、兴业英才、治国人才

　　"学术大师、兴业英才、治国人才"既是对清华已培养优秀人才类型的概括，也是对清华人才培养目标的描述，更是对众多清华学子的期许。

　　2001年3月，时任中共中央政治局常委、国家副主席胡锦涛在中南海听取时任清华大学校长王大中、校党委书记贺美英关于学校工作的汇报。他希望清华总结办学的优良传统和经验，培养更多的治学、兴业、治国的优秀人才，为国家富强和民族振兴作出贡献。2011年4月24日，时任中共中央总书记、国家主席、中央军委主席胡锦涛在庆祝清华大学建校100周年大会上的讲话中指出，"水木清华，钟灵毓秀。在一个世纪的发展历程中，清华秉承'爱国奉献、追求卓越'的传统，恪守'自强不息、厚德载物'的校训，弘扬'行胜于言'的校风，培养了17万名优秀人才，涌现出一大批学术大师、兴业英才、治国栋梁。在国家表彰的23位'两弹一星'勋章获得者中有14位是清华校友，460位清华校友当选中国科学院院士和中国工程院院士。100年来，一代又一代清华人在革命、建设、改革中顽强拼搏、真诚奉献，为祖国、为人民、为民族建立了突出功绩。"

2016 年 4 月 22 日，习近平总书记在致清华大学建校 105 周年贺信中指出，"清华大学是我国高等教育的一面旗帜。105 年来，清华大学秉承自强不息、厚德载物的校训，开创了中西融汇、古今贯通、文理渗透的办学风格，形成了爱国奉献、追求卓越的精神和又红又专、全面发展的培养特色，培养了大批学术大师、兴业英才、治国人才，为国家、为民族作出了重要贡献。"

世界一流、中国特色、清华风格

　　"世界一流、中国特色、清华风格"是清华大学面向新百年提出的发展道路，形成于 2011 年学校建校 100 年校庆期间。

　　2011 年 4 月，时任校长顾秉林、校党委书记胡和平在《人民日报》发表联合署名文章《百年清华永创一流——清华大学建设世界一流大学的认识与实践》。文章指出："改革开放新时期，学校主动适应时代要求，确立了建设世界一流大学的宏伟目标，不断加快创建世界一流大学步伐，办学综合实力和国际声誉显著提升。在办学实践中，清华大学围绕'什么是世界一流大学'、'怎样建设世界一流大学'，解放思想，实事求是，锐意改革，不断创新，初步探索出一条'世界一流，中国特色，清华风格'的发展道路。"

　　2011 年 4 月 24 日，时任中共中央总书记、国家主席、中央军委主席胡锦涛在庆祝清华大学建校 100 周年大会上发表的重要讲话中充分肯定清华大学的办学成绩，强调"清华大学作为国家重点支持的大学，要坚持'中国特色，世界一流'的发展道路，改革创新，奋勇争先，在加快建设世界一流大学的进程中取得新的更大的成就"。

校庆后，顾秉林、胡和平在《求是》杂志发表联合署名文章《加快推进世界一流大学建设》指出，我们要"坚持'中国特色，世界一流'的发展道路，以国家强盛、人民幸福、民族复兴作为创建一流大学的根本追求。要始终坚持以马克思主义为指导，用中国特色社会主义理论体系武装师生头脑，不断加强和改进党对学校的领导，充分发挥社会主义制度的优越性，面向国家重大战略需求，全面提升服务经济社会发展的能力，努力造就社会主义合格建设者和可靠接班人，把'中国特色、世界一流、清华风格'统一到办学实践之中。"

2012 年，清华大学第十三次党代会对"世界一流、中国特色、清华风格"进行了深入阐释，认为"世界一流"反映了一所学校的先进办学水平，"中国特色"体现了中国国情、社会制度和民族文化对高等教育的基本要求，"清华风格"是我校百年办学的优良传统、精神气质以及发展模式的高度凝练，三者是共性与个性的统一，是普遍规律和具体实际的结合。这是我校关于一流大学建设规律不断深化的认识，是长期以来特别是新时期清华人勤于实践、勇于创新的智慧结晶，是推动学校新百年发展、实现长远目标的必然选择。我们要把"世界一流、中国特色、清华风格"有机统一起来，正确处理共性与特色、当前与长远、重点突破与全面推进、物质条件与精神力量等若干重要关系，努力走出一条世界一流大学建设的成功之路。

2014年，"世界一流、中国特色、清华风格"写入了《清华大学章程》："学校坚持世界一流、中国特色、清华风格的发展道路，以学生为本、学者为先、学术为基、学风为要，致力于成为全球卓越的高等教育和学术研究机构。"

第四篇

新百年以来

　　清华大学秉持自强不息、厚德载物的校训，深化改革、加快创新，各项事业欣欣向荣，科研创新成果与国家发展需要丝丝相扣，展现了清华人的勇毅和担当。面向未来，清华大学要坚持把立德树人作为根本任务，把服务国家作为最高追求，把学科建设作为发展根基，把深化改革作为强大动力，把加强党的建设作为坚强保证，不忘初心、牢记使命，为党育人、为国育才，为实现第二个百年奋斗目标、实现中华民族伟大复兴的中国梦、推动人类文明进步作出新的更大的贡献。

　　　　　　　　　　——习近平总书记在清华大学考察时的讲话

　　　　　　　　　　　　（2021 年 4 月 19 日）

学生为本、学者为先、学术为基、学风为要

　　"学生为本、学者为先、学术为基、学风为要"是时任校长陈吉宁在 2012 年就职讲话中提出来的,他从"大学"二字中的"学"字出发对大学的含义进行阐释,意在突出学生、学者、学术、学风在大学的重要地位。梅贻琦校长在其名言"所谓大学者,非谓有大楼之谓也,有大师之谓也"中对"大学"二字中的"大"进行了解读,产生了广泛而深远的影响。从"大"到"学",两种解读相得益彰,让师生对大学的内涵有了更进一步的认识。

　　2012 年 2 月 20 日,陈吉宁在就任清华大学校长的讲话中谈道,"世界一流大学建设是一个长期的过程,需要几代人前赴后继的不懈努力,绝不能急功近利、竭泽而渔,更不能片面追求各种大学评价的量化指标,而要深入探究大学的本质,正确把握办学规律和要素,注重内涵建设,着力提高发展质量。大学不仅是传授知识和技能的场所,更是培养人的思想、情感、意志、品质之所在,是铸造灵魂的地方。因此,大学的根本不在'大',而在'学',在于学生、学者、学术、学风。"

　　"学生为本——育人是大学的原初使命和根本任务。本立而道生。忽视了人才培养的根本任务，大学就会迷失方向，最终失去存在的价值。"

　　"学者为先——梅贻琦校长讲过：'我们的智识，固有赖于教授的教导指点，我们的精神修养，亦全赖有教授的点拨。'没有善于治学育人的一流教师，就没有一流的大学。"

　　"学术为基——研究是现代大学最重要的特征，它使大学成为社会探寻未知世界的重镇。学术导向，始终引领着大学不断创新，'日日新，又日新'。"

　　"学风为要——学风是大学文化底蕴、办学理念和治学态度的集中反映，一流的大学，必先有一流的学风。正如朱镕基学长所题'水木清华，春风化雨'。优良学风，润物无声，激励着师生热爱科学、追求真理。"

　　2014 年，《清华大学章程》将"学生为本、学者为先、学术为基、学风为要"写入第四条，全文为"学校坚持世界一流、中国特色、清华风格的发展道路，以学生为本、学者为先、学术为基、学风为要，致力于成为全球卓越的高等教育和学术研究机构"。

价值塑造、能力培养、知识传授"三位一体"

　　价值塑造、能力培养、知识传授"三位一体"作为学校的一种教育模式提出于 2014 年。2013 年 9 月至 2014 年 10 月，清华大学举办第 24 次教育工作讨论会。2014 年 10 月 16 日，时任校长陈吉宁在第 24 次教育工作讨论会闭幕式上的讲话中谈道，"通过这次讨论会，我们提出了价值塑造、能力培养、知识传授'三位一体'的教育模式。"陈吉宁对"三位一体"的内涵作了阐释，尤为强调价值塑造的重要性，指出："清华有着'干粮''猎枪'的比喻，明晰了知识和能力的关系，无需多讲。这里要重点探讨的是价值塑造，因为价值取向比'干粮'和'猎枪'更为重要，是造就'猎人'的关键所在。价值塑造，出发点是立德，落脚点是树人。习近平总书记讲，国无德不兴，人无德不立。这个德，从大的方面来说就是社会主义核心价值观，是个人追求要融入社会进步的主流。我们所要培养的学生，不能只贪图过舒舒服服的小日子，不能是'精致的利己主义者'，而必须是有抱负、有思想、有远见、有担当的时代英才。"

2014 年，学校将价值塑造、能力培养、知识传授"三位一体"写入《清华大学章程》，明确"实行价值塑造、能力培养、知识传授'三位一体'的培养模式，致力于培养学生具备健全人格、宽厚基础、创新思维、全球视野和社会责任感，实现全面发展和个性发展相结合"，将"教育模式"改为"培养模式"。2017 年 7 月，学校党委将"价值塑造、能力培养、知识传授'三位一体'的培养模式"写入第十四次党代会报告。

2018 年 3 月至 9 月，清华大学举行第 25 次教育工作讨论会，讨论会主题为"践行'三位一体'教育理念，全面建设一流人才培养模式"，正式将"三位一体"的培养模式上升为教育理念。2018 年 9 月 27 日，时任校长邱勇在清华大学第 25 次教育工作讨论会闭幕式暨学习贯彻全国教育大会精神会议上的讲话中提出，"'三位一体'不仅作为人才培养模式而存在，而且逐渐成为指导学校育人活动的一种理性认识……'三位一体'是全面发展育人理念在新时代的一种新的表述。"邱勇指出，"价值塑造是学校教育的第一要务，是育人的根本。价值塑造的出发点是立德，落脚点是树人。""能力培养比知识传授更重要。'厚基础、重实践、求创新'，'授人以鱼'不如'授人以渔'，给人'干粮'远不如给人'猎枪'，这些是清华师生长期形成的共识。社会经济和科技产业的迅速发展，使得能力培养的重要性远远超过现成知识的获取。要让学生在受教育的过程中获得更广阔的成长空间，获取更大的成长幅度。""合理的知识结构是提高人才培养质量的需要。……清华学生应该具有深厚的数理基础、中外语言基础、精深的核心专业素养和跨学科的知识结构。要让学生对跨越学科建制的文理知识有深度的涉猎，了解不同领域的第一流头脑是如何提出、思考和解决问题的，为创新型人才的出现提供更为丰饶的基础。"

无体育，不清华

　　"无体育，不清华"是 2014 年清华学生自发喊出的体育口号，体现了清华大学建校以来重视体育教育的优良传统。

　　"无体育，不清华"最初只是校研究生会体育部 2014 年 1 月建立的微信群的名字。2014 年全校研究生运动会前夕，研究生会的同学在一起"头脑风暴"，想为运动会起一个响亮的口号，先后想出了几十个口号，但感觉都不如微信的群名"无体育，不清华"给力，于是大家一致拍定了"无体育，不清华"这个口号。

　　2014 年 9 月，清华大学恢复了大一新生第一堂体育课，体育部主任刘波在讲课时，播放了由研会同学制作的动漫视频《无体育，不清华》。此后，"无体育，不清华"这个口号被校内外媒体广为宣传，逐渐传播开来。

　　2018 年 9 月 27 日，时任校长邱勇在第 25 次教育工作讨论会闭幕式暨学习贯彻全国教育大会精神会议上的讲话中指出："体育具有迁移价值，有着重要的育人功能。清华从建校起就非常重视体育，迄今清华已经形成了'有理论、有理念、有目标、有口号、有实践'的全方位体育教育体系。

'育人至上、体魄与人格并重'是清华新时期的体育教育观，'为祖国健康工作五十年'是每一位清华人都在为之努力的奋斗目标，'无体育、不清华'是由清华学生自发喊出的具有时代特征的口号。我们要在体育教育中塑造爱国爱校、热爱集体、刻苦拼搏、尊重规则、尊重对手等价值观念。"

与由学校领导总结凝练的"为祖国健康工作五十年""育人至上，体魄与人格并重"两个体育口号不同，"无体育，不清华"是学生自发喊出的，甚至可以说是"随意"产生的。这种"随意"恰恰说明体育始终伴随着每一代清华学子的成长，成为清华人身上永远的标签，也表明清华学子对于清华重视体育的传统的高度认同。

更创新、更国际、更人文

　　"更创新、更国际、更人文"是 2016 年时任校长邱勇面向清华第二个百年提出的目标和方向，也是希望清华在第二个百年展现出的面貌和气象。

　　2016 年 1 月 10 日晚，"人文清华"讲坛在新清华学堂开启，时任校长邱勇在开坛致辞中提出，"在时间的长河里，百年不算长。第一个百年和第二个百年之间，我相信一定会有延续，我也相信第二个百年和第一个百年相比，一定也会有变化。清华的第二个百年会变成什么样？需要我们共同去努力，共同去见证。但是今晚我想说，清华的第二个百年，一定会更创新、更国际、更人文！""更创新、更国际、更人文"一经提出就得到了师生的充分肯定，并在师生间广泛流传，在校内各种会议、报告中经常被引用。

　　2016 年 6 月，邱勇在《光明日报》发表文章《一流本科教育是一流大学的底色》，对"更创新、更国际、更人文"进行了深入诠释："创新是时代的最强音，大学必须肩负起培养拔尖创新人才、创造高水平研究成果的使命，更创新的清华将更好地服务于中国乃至世界人民的福祉。国际化是高等教育的新趋势，也是世界上所有大学面临的新课题。高等教育的国际化不仅意味着越来越多的学术研究要通过国际合作来完成，同时也指在大学教育中要拓展学生的国际视野，使学生学会在多元文化环境中与不同背景的人交流合作，更国际化的清华将更好地联结中国与世界。一流大学应该具有深厚的人文底蕴，我们要培养学生具有强烈的社会责任感和深厚的人文素养，这是培养未来社会领袖人才的重要基础，更人文的清华将能培养出更多能够真正肩负使命的领袖人才。"

2017年7月6日，时任校党委书记陈旭在清华大学第十四次党代会报告中指出："加强学校党委对综合改革和新百年发展的领导，进一步坚定改革决心，加强顶层设计和战略谋划，通过系统性、整体性、协同性、前瞻性的改革，着力推进体制机制创新，将思想政治工作优势更加有效地转化为学校改革发展优势，激发师生员工的创造活力，进一步推进内涵发展，推动学校向着更创新、更国际、更人文的方向迈进。"

"2020、2030、2050" 目标

"2020、2030、2050" 目标由时任校党委书记陈旭在2017年清华大学第十四次党代会报告中首次提出，是清华大学按照党和国家的要求，紧密结合自身的发展使命制定的与"三个九年，分三步走"战略紧密衔接的中长期发展目标，具体内涵为：

——到2020年，一批学科达到世界一流水平，若干学科进入世界一流前列，基本建成具有中国特色的现代大学治理体系，学校综合实力、办学质量显著提升，为实施"四个全面"战略布局、实现"第一个百年"奋斗目标作出突出贡献，达到世界一流大学水平。

——到2030年，更多优势学科进入世界一流学科前列，部分学科达到世界顶尖水平，服务国家战略的能力更加突出，在国际学术领域的地位显著提升，治理体系更加成熟完善，形成具有鲜明中国特色、清华风格的高等教育思想和办学模式，迈入世界一流大学前列。

——到2050年前后，办学声誉获得世界公认，成为学术大师荟萃、全球学子向往的学术殿堂，为实现"第二个百年"奋斗目标和中华民族伟大复兴的中国梦、为促进人

类文明进步作出重大贡献，成为世界顶尖大学。

建设中国特色世界一流大学是清华人的梦想。一代又一代清华人坚持一张蓝图绘到底，接力奋斗、接力探索，以"功成不必在我"的精神境界和"功成必定有我"的责任担当，不断把一流大学建设推向深入，每一代人都努力为下一代人跑出一个好成绩。"2020、2030、2050"目标的确立对于新时代推动中国特色世界一流大学建设具有重要的意义，它既做到了对"三个九年，分三步走"总体战略的有效衔接、在全校范围内形成共识，也为学校未来的发展指明了奋斗方向。

向美而行

　　"向美而行"由时任校长邱勇在清华大学 2017 年本科生新生开学典礼讲话中提出，是新时代清华美育理念的高度凝练。在题为《向美而行》的讲话中，邱勇勉励同学们："世界是多彩的，希望你们与美相伴；人生是漫长的，希望你们向美而行。"

　　2019 年，邱勇在吴可雨先生捐赠吴冠中绘画艺术作品仪式上的讲话中指出，"我们要在引导学生向美而行的过程中，让学生懂得如何感受美、欣赏美，进而培育美的素养、塑造美的心灵、涵养人生品位。"

　　为全面贯彻落实习近平总书记关于教育的重要论述和全国教育大会精神，学校于 2020 年成立"向美而行的通识教育研究"课题组，全面梳理清华美育思想和实践，并于 2021 年出版研究成果《向美而行——清华大学美育之路》。

　　2022 年 1 月，邱勇在《人民日报》上发表题为《向美而行　以

《向美而行——清华大学美育之路》主编、
美术学院刘巨德教授手书"向美而行"

美育人》的署名文章，进一步阐释了"向美而行"的含义："向美而行，不是为了让少数人掌握'一技之长'，而是为了让所有青年学子在自然之美、文化之美、生命之美中丰富思想、塑造品格、汲取力量，矢志追求更有高度、更有境界、更有品位的人生"，并强调"要坚定自信，将美育融入落实立德树人根本任务全过程，向美而行、以美育人，探索并建立培育美的素养、滋养美的心灵、涵养美的品味的美育方案，努力培养大批德智体美劳全面发展的时代新人"。

清华大学历来重视美育，历来重视学生全面发展，历来重视学生多样化成长。1911 年建校伊始，《清华学堂章程》就明确了"以培植全才，增进国力为宗旨"的办学方针。学校随后成立文艺社团，开设美育课程，发起艺术研究委员会，设立音乐室与文物馆。新中国成立后，学校倡导"又红又专、全面发展""因材施教""殊途同归"的教育思想，大力推进政治代表队、业务代表队、文体代表队建设。改革开放后，学校将艺术教育纳入课程体系和学校发展规划，先后成立美育委员会、艺术教育中心。1999 年，中央工艺美术学院并入清华大学更名为清华大学美术学院。进入新百年以来，学校新建新清华学堂、蒙民伟音乐厅、艺术博物馆，成立美育工作领导小组，每年开设美育课程近200 门次，选修学生达 1.4 万余人次，大力营建"彰显人文、荟萃艺术、涵养新风、化育菁华"的美丽校园。

2022年9月，学校第十五次党代会报告提出，"加强美育课程建设，丰富美育实践活动，进一步促进艺术与科学的融合，营造'有美育，更清华'的育人环境，建设高质量美育体系。"

参考文献

专著

[1]《艾知生纪念文集》编辑组:《艾知生纪念文集》,北京,清华大学出版社,2000。

[2]北京大学、清华大学、南开大学、云南师范大学:《国立西南联合大学史料一(总览卷)》,云南,云南教育出版社,1998。

[3]本书编写组:《为了培育全面发展的新一代:蒋南翔任校长期间清华共青团工作回顾》,北京,清华大学出版社,2023。

[4]陈希、杨振斌:《双肩挑50年——清华大学辅导员制度五十周年回顾与展望》,北京,清华大学出版社,2003。

[5]陈晓芬、徐儒宗译注:《论语》,北京,中华书局,2011。

[6]陈旭、贺美英、张再兴:《清华大学志(1911-2010)(第一卷)》,北京,清华大学出版社,2018。

[7]陈旭:《深切的怀念永恒的记忆:纪念蒋南翔同志诞辰100周年》,北京,清华大学出版社,2014。

[8]陈寅恪：《陈寅恪文集之三：金明馆丛稿二编》，上海，上海古籍出版社，1980。

[9]崔国良、崔红：《张彭春论教育与戏剧艺术》，天津，南开大学出版社，2003。

[10]方惠坚、郝维谦：《蒋南翔教育思想研究》，北京，清华大学出版社，1999。

[11]方惠坚、史宗恺：《清华之魂——蒋南翔教育思想论文集》，北京，清华大学出版社，2011。

[12]方惠坚、张思敬：《清华大学志（上）》，北京，清华大学出版社，2001。

[13]方惠坚、张思敬：《清华大学志（下）》，北京，清华大学出版社，2001。

[14]方惠坚：《清华工作50年》，北京，清华大学出版社，2003。

[15]方惠坚：《长卷一页：在清华大学当书记的前前后后》，北京，清华大学出版社，2011。

[16]方惠坚等：《蒋南翔传》，北京，清华大学出版社，2005。

[17]方惠坚等：《蒋南翔传（第二版）》，北京，清华大学出版社，2013。

[18]顾良飞：《清华大学历任校长演讲精选——开学和毕业的精彩瞬间》，北京，清华大学出版社，2013。

[19]贺美英、王浒：《峥嵘岁月：解放战争时期清华校友足迹》，北京，清华大学出版社，2008。

[20]《贺美英教育文集》编辑组：《贺美英教育文集》，

北京，清华大学出版社，2019。

[21] 胡显章：《飞鸿印雪：大学之道寻踪》，北京，清华大学出版社，2021。

[22] 胡显章：《世纪清华人文日新——清华文化研究》，北京，清华大学出版社，2011。

[23] 胡显章：《自强不息　厚德载物：清华精神巡礼（修订版）》，北京，清华大学出版社，2010。

[24] 黄圣伦：《党的旗帜高高飘扬——中国共产党清华大学基层组织的奋斗历程》，北京，清华大学出版社，2005。

[25] 黄延复、王小宁：《梅贻琦日记（1941-1946）》，北京，清华大学出版社，2001。

[26] 江崇廓、刘文渊、孙敦恒：《清华大学》，长沙，湖南教育出版社，1995。

[27] 金富军：《老照片背后的清华故事》，北京，清华大学出版社，2020。

[28] 金富军：《周诒春文集》，北京，中国言实出版社，2017。

[29]〔晋〕杜预注、〔唐〕孔颖达正义：《春秋左传正义》，上海，上海古籍出版社，1990。

[30] 李传信：《清华往事纪实——入学60年（1944.9—2004.8）》，北京，清华大学出版社，2004。

[31]《李传信纪念文集》编写组：《李传信纪念文集》，北京，清华大学出版社，2008。

[32]《刘达纪念文集》编辑小组：《刘达纪念文集》，

北京，清华大学出版社，1996。

[33] 刘巨德:《向美而行——清华大学美育之路》，北京，清华大学出版社，2021。

[34] 刘述礼、黄延复:《梅贻琦教育论著选》，北京，人民教育出版社，1993。

[35]《刘仙洲纪念文集》编辑小组:《刘仙洲纪念文集》，北京，清华大学出版社，1990。

[36] 清华大学《蒋南翔纪念文集》编辑小组:《蒋南翔纪念文集》，北京，清华大学出版社，1990。

[37] 清华大学校史编写组:《清华大学校史稿》，北京，中华书局，1981。

[38] 清华大学校史研究室:《清华大学九十年》，北京，清华大学出版社，2001。

[39] 清华大学校史研究室:《清华大学史料选编第一卷》，北京，清华大学出版社，1991。

[40] 清华大学校史研究室:《清华大学史料选编第二卷》，北京，清华大学出版社，1991。

[41] 清华大学校史研究室:《清华大学史料选编第三卷（下）》，北京，清华大学出版社，1994。

[42] 清华大学校史研究室:《清华大学史料选编第六卷（第一分册）》，北京，清华大学出版社，2008。

[43] 清华大学校史研究室:《清华大学史料选编第六卷（第二分册）》，北京，清华大学出版社，2008。

[44] 清华大学校史研究室:《清华大学一百年》，北京，清华大学出版社，2011。

[45] 清华大学校史研究室：《清华漫话》，北京，清华大学出版社，2006。

[46] 清华大学校史研究室：《清华漫话（二）》，北京，清华大学出版社，2009。

[47]《双肩挑》编写组：《双肩挑——清华大学学生辅导员工作四十年的回顾与探索》，北京，清华大学出版社，1997。

[48] 万俊人：《清华大学文史哲谱系》，北京，清华大学出版社，2012。

[49]《王大中教育文集》编辑组：《王大中教育文集》，北京，清华大学出版社，2011。

[50] 吴敏生、吴剑平、孙海涛：《跨越世纪清华梦——王大中校长十年启示录》，北京，清华大学出版社，2015。

[51] 武晓峰：《清华故事》，北京，清华大学出版社，2011。

[52] 西南联合大学北京校友会：《国立西南联合大学校史——一九三七至一九四六年的北大、清华、南开》，北京，北京大学出版社，1996。

[53] 谢国桢：《近代书院学校制度变迁考》，《谢国桢全集第 7 册》，北京，北京大学出版社，2013。

[54] 谢维和、叶富贵、李珍：《清华的风格》，北京，三联书店出版社，2021。

[55] 杨天才、张善文译注：《周易》，北京，中华书局，2011。

[56] 叶宏开、韦庆媛：《挺起胸来：清华大学百年体育回顾》（上下卷），北京，清华大学出版社，2009。

[57] 张岱年：《张岱年学术论著自选集》，北京，首都师范大学出版社，1993。

[58] 张克澄：《大家小絮》，北京，中信出版社，2019。

[59] 中共中央党史研究室著：《中国共产党历史》第一卷（上册），北京，中共党史出版社，2011。

[60] 中共中央文献编辑委员会：《邓小平文选》（第二卷），北京，人民出版社，1994。

[61] 中共中央文献研究室：《毛泽东文集》（第二卷），北京，人民出版社，1993。

[62] 中共中央文献研究室：《毛泽东文集》（第七卷），北京，人民出版社，1999。

[63] 中国高等教育学会、清华大学：《蒋南翔文集》（上下卷），北京，清华大学出版社，1998。

[64] 中国人民政治协商会议北京市委员会文史资料委员会编：《文史资料选编第 8 辑》，北京，北京出版社，1980。

[65] 庄丽君：《世纪清华》，北京，光明日报出版社，1998。

[66] 庄丽君：《世纪清华（之三）》，北京，清华大学出版社，2001。

期刊和报纸

[1] 陈吉宁：《大学不在"大"而在"学"》，载《清华大学教育研究》，2012 年 4 月 10 日，第 2 期，第 1-2 页。

[2] 陈希：《坚持"两个拥护、两个服务"德育目标》，载《思想政治工作研究》，2005 年 4 月 8 日，第 4 期，第 19-20 页。

[3] 顾秉林、胡和平：《百年清华永创一流——清华大学建设世界一流大学的认识与实践》，载《中国高等教育》，2011 年 5 月 3 日，第 9 期，第 7-9 页。

[4] 顾秉林、胡和平：《加快推进世界一流大学建设》，载《求是》，2011 年 5 月 16 日，第 10 期，第 54-56 页。

[5] 贺麟：《"清华中文校歌之真义"书后》，载《清华周刊》，1925 年 11 月 6 日，第 358 期。

[6] 蒋南翔：《清华大学的教育革命——蒋南翔代表的发言》，载《人民日报》，1960 年 4 月 13 日，第 11 版。

[7] 李传信：《奉献教育科技 40 年——忆清华大学前校长高景德》，载《中国高等教育》，第 6 期，1998 年 6 月 13 日，第 34-35 页。

[8] 李轩：《清华大学老校歌歌词释义》，载《新清华》，2000 年 4 月 28 日，第 1404 期第 6 版。

[9] 李酉山、夏镇英：《对培养怎样的工程师的意见》，载《新清华》，1955 年 11 月 22 日，第 113 期第 2 版。

[10] 李玉俊，《解读西南联大校训》，载《云南政协报》，2006 年 8 月 16 日，第 003 版。

[11] 梅贻琦：《教授的责任——在廿一年度开学典礼上的讲话》，载清华《校刊》432 号，1932 年 9 月 10 日。

[12] 梅贻琦：《学问范围务广，不宜过狭》，载清华《校刊》第 412 号，1932 年 6 月 1 日。

[13]《清华大学化七二班提出搞"四化"要"从我做起，从现在做起"》，载《中国青年报》，1979 年 12 月 6 日，第 1 版。

[14] 邱勇：《向美而行　以美育人》，载《人民日报》，2022 年 1 月 9 日，第 5 版。

[15] 邱勇：《一流本科教育是一流大学的底色》，载《光明日报》，2016 年 6 月 21 日，第 13 版。

[16]《我们是怎样提出"从我做起，从现在做起"的口号的》，载《人民日报》，1980 年 4 月 17 日，第 4 版。

[17] 谢喆平：《清华留美学人与中国现代教育学的滥觞：一项初步研究》，载《清华大学教育研究》，第 39 卷 5 期，2018 年 10 月，第 116-124 页。

[18]《学生会召开全体体育干部会》，载《新清华》，1957 年 12 月 4 日，第 236 期第 1 版。

[19]《一二·九运动和全国抗日救亡运动的新高潮（上）（永远的丰碑·红色记忆）》，载《人民日报》，2006 年 12 月 10 日，第 2 版。

[20] 中共清华大学委员会：《坚持"两个拥护、两个服务"培养合格建设者和可靠接班人》，载《中国高等教育》，2005 年 2 月 18 日，第 1 期，第 10-11 页。

后记

　　词条虽是短小的历史记忆，但却浓缩了很多的智慧和力量。一位历史学家讲："个人的明智，来自于他记忆的连续性，团体的明智，则需要其传统的延续。"清华大学是一所有深厚文化传统的大学，这源自她的不断创造，也源自她的持续传承。清华词条是对清华文化的一种创造凝练方式，也是一种易于传承传播的载体。

　　本书选取了55个反映清华教育理念和办学理念的词条，通过对档案文献、史料书籍等资料的深入挖掘，对词条进行追根溯源，并规范表述、明确内涵，尝试做深入的阐释，以期对推动学校工作、开展对外宣传、凝聚思想共识发挥基础性作用。

　　本书是团队共同努力的成果，作者都是清华大学政策研究室或曾在政策研究室工作的人员。我们在参与起草学校党政重要文件、报告、文稿的过程中，会经常使用清华历史上形成的重要教育理念，但发现很多重要提法的表述不太一致，有些也不能找到确切的出处。同时，我们还发现，对学校一些重要的提法很多师生员工还不太了解，尤其是对新入学或新入职的师生员工来说更是如此。因此，我们最初的想法是编一本工作手册，把一些重要的理念梳理清楚，提供给大家参考。在撰写讨论的过程中，大家积极性都很高，觉得能够出一本书的话，可以让更多师生员工看到，对学校重要理念的传播也能产生更好的效果。于是，我们开始按照一本书的架构进行准备。

2020 年初的寒假，我们成立了写作组，开始尝试撰写部分词条。5 月，写作组进一步明确了分工和要求，解峰、张新主要负责第一篇，任怀艺、李晓旭、梁风培主要负责第二篇的前半部分，凌云、裴峥、胡轩、李晨晖主要负责第二篇的后半部分和第三篇的前半部分，孙海涛、刘宇航、赵天仪、陈烁主要负责第三篇的后半部分，谢喆平、刘瑞曦、吴筱君主要负责第四篇。经过大家一年多的努力，2021 年 8 月形成 12 万字的初稿。为了加快进度、提高质量、统一风格，解峰、凌云、孙海涛、任怀艺分别对第一、二、三、四篇进行了统稿。

为了保证表达的准确性，初稿完成后，我们专门向方惠坚、王大中、贺美英、胡显章、张再兴等学校老领导征求意见，不仅收获了很多意见建议，而且收获了很多支持和鼓励。

学校原党委书记方惠坚老师欣然为本书作序，给予我们充分肯定，实为本书增色良多。

校史研究室主任范宝龙、体育部主任刘波、文化办主任赵鑫、化工系教授朱兵、校史研究室副主任金富军、科研院项目部主任朱付元、档案馆副馆长朱俊鹏、宣传部副部长戚天雷和刘蔚如、宣传部摄影记者李派抽出宝贵时间为我们提供了重要的参考资料和照片，并就一些重要词条的来龙去脉为我们答疑解惑，进一步增强了我们写作的信心。

美术学院青年教师于婉莹以手绘清华而闻名，为本书精心绘制了封面和插画；王红卫教授和刘丹琪对书的版式装帧进行了专门的设计，使本书的颜值大增。

出版社编辑王如月对本书的出版保持了足够的耐心，并付出了辛勤的努力。

李凯睿、梁风培、汪之凡、谢启娴、孙一鸣、张莹、赵天仪等对书稿进行了细致的校对，一丝不苟的态度值得我们由衷敬佩。

在此，我们向所有支持本书出版的老师们、朋友们表示衷心的感谢！

虽然写作团队力求对每一个词条进行充分的溯源阐释，但由于水平有限，难免会有错漏或者表述不准确的地方，敬请读者批评指正。

本书选取的 55 个词条只是众多反映清华办学理念的词条的一部分，无论是学校层面还是院系层面，清华还有很多很有特色的理念，比如"不怕踩脚""不翻烧饼""不是人人都有的不伸手，人人都有的后伸手""把自己的优点乘 0.8，把别人的优点乘 1.2""你觉得自己吃点亏，群众看你正好""清华群众的眼睛是贼亮的""在工作中要像一只陀螺，转得越快越稳定""知难而进、众志成城"
等，我们也希望继续进行挖掘整理，不断丰富《清华词条》
的内容，为传播清华文化、推动一流大学建设贡献我们的
一份力量。

孙海涛、解峰、凌云、任怀艺
于清华园荷二楼
2022 年 11 月